批判理論翻譯叢書 7

傅柯／危險哲學家

Alain Brossat／著
羅惠珍／譯
朱元鴻・楊成瀚
蕭旭智・陳惠敏／校訂

序言：跟著他，那危險的

1968年夏季，五月事件剛結束，傅柯受邀在巴黎附近的文森（Vincennes）校區建立一所新的哲學系。這個新的文森實驗校區是戴高樂當時新任命的教育部長進行大膽改革的櫥窗：一所被期許為跨學科、前瞻研究、民主的標竿大學。不用明說，解消學運也是其目的之一。不過，學運的動能與喧囂卻立即蔓延並占領文森校區。而傅柯著手創立的這個哲學系也絕非等閒，先後數年之間加入的學者包括了瑟爾（Michel Serres）、夏特雷（François Châtelet）、德勒茲（Gilles Deleuze）、李歐塔（Jean-François Lyotard），以及包括了共產黨、自稱毛派的**無產者左派**（Gauche Prolétarienne）、托派的幾位年輕同仁，例如巴迪烏（Alain Badiou）、洪席耶（Jacques Rancière），以及本書作者Alain Brossat。此即是日後的巴黎第八大學哲學系。

傅柯造就的這個時代集結，非同凡響。綜觀二十世紀以來，一個學術單位能夠不囿限於學科壁壘而在人文社會思想界發揮廣泛影響力，且接續活躍長達半個世紀的，或許除了1930年代自歐陸輾轉流亡播遷美國而廣泛影響貫越至1970年代的法蘭克福學派之外，難找到相匹的例子。不過，這個時代集結也

跟星座一樣，星體共同出現的組態不能推論其間的實際距離，相互間的作用力與吸拒方式也不易簡單歸納。有向來激烈反對的論爭，如巴迪烏對德勒茲；也有在一方身後愈趨顯明的回溯劃異，如洪席耶對李歐塔。但對於傅柯，則相互的應力如何作用，卻常是表達含蓄或片斷細微，好奇的研究者必須在散落的脈絡裡辨識或揣測。這本論文集之所以難得，不因為是又一部「傅柯研究」，而是因為作者，傅柯的一位年輕同事，明確地展示著一種受用方式：跟著他（avec lui），體會源源不絕的啟發力量。

「危險哲學家」，這個書名標題逐漸在討論中浮現時，我們感到這是個傳神貼切的稱呼。傅柯自覺地說「對他們而言，我是個危險人物，因為我是個潛在的馬克思主義者、非理性主義者、虛無主義者」，然而這個自嘲的段子並未窮盡來自左翼對他的警戒。傅柯是不是個「青年保守主義者」？傅柯是「左派的友或敵」？這般難以辨識的焦慮從1980年代以迄於今持續迴盪，而摸不清是敵是友的模糊是更嚴重的危險。1979年傅柯在法蘭西學院講授「治理性」的課程，有些人發現了他批評左翼政治的徵候。他不僅要學生讀米賽斯（Ludwig von Mises）與海耶克（Frederick Hayek），他對現代自由主義特質的分析也表現了明顯的同情：自由主義的治理性原則包含了質疑「是否過度治理」（政府管太多）的恆常批判，相反地，社會主義或許不缺國家理論，卻缺少這般內建批判的「治理性」，因此雖有在社會安全方面行政管理的干預技術，實際上卻常淪為警察

國家或過度管理的國家。而我們知道，無論面對規訓或是生命權力，傅柯強調的是如何「不被統治」或至少「不被這樣統治」的意志。

　　傅柯的「鄙民」（the plebs），也是個將傳統左翼政治模式掀掉毯子的危險概念。記得我自己首度睜大眼睛「跟著」傅柯，是在1980年代初的某日讀到他1972年的〈論人民公審：跟毛派的討論〉。這次對話裡，傅柯冷靜地質疑法國毛派們的浪漫語彙：「群眾」是群眾自己嗎？「人民法庭」的運作方式不已經是「國家機器」了嗎？更重要的是這篇對話裡首次出現了傅柯作的一個區分：不受馴化也難以治理的「鄙民」，相對於可由牧羊人（黨、主席……）驅使或代表的「人民」與「無產階級」。當時我在書頁底緣注了幾個字（這個區分）「可大作文章」。我不曾作過這文章，三十年來英語世界探究傅柯「鄙民」概念的文章也不算多，但這個區分卻在歐陸的左翼政治思潮迴盪繞疊──德勒茲與瓜塔利的「游牧民」（nomads），李歐塔的複數小寫「猶民」（the jews），奈格里的「諸眾」（multitudes），阿岡本的「凡異民」（whatever singularity）、洪席耶的「沒份的那部分」（the part having no part）──其效應是傳統左翼視為根基的政治主體紛紛遭到撕裂或拋棄，包括了因為難脫國族認同或意識形態多數而成為壓迫性的「人民」，據稱歷史賦予革命與專政使命的「無產階級」，以及仰賴先鋒「黨」領導的革命模式。傅柯能不受到傳統左派的怪罪

或懷疑嗎？「鄙民」並非社會學上的客觀存在，而是相應於權力關係的動態迴響，從未完全熄滅的反抗爐火。此後任何對於權力部署的分析，都不得不考慮「鄙民的」觀點。

〈傅柯語彙中的「民主」〉，論文集最短的一篇，我對這篇的寓意頗感好奇。作者經營了懸疑驚奇：怎麼可能！為的是要拍案叫絕：在傅柯任何的著作、訪談或論述裡竟然找不到「民主」一詞。傅柯如此介入政治與當代社會批評，怎會如此昭彰地遺漏了「民主」呢？所有的難以置信，其實反差地強調了作者的推論：民主一詞，傅柯沒興趣！我跟作者一樣曾經搜尋過。確實，若我們找的是現代或當代的「民主」，傅柯是缺席的。然而有一處作者沒提到，在傅柯去世前一年，1983年初的法蘭西學院課程《自我與他者的治理》，傅柯非常深入仔細地討論了古代雅典民主分別與「平等的自由言說權」（Isēgoria）以及「說真話」（parrēsia）之間的模稜關係。在僭主獨裁（tyranny）之下我們見到「說真話」的暗影：謊言、屏蔽、言不由衷、集體錯覺。處於不得「說真話」的體制之下，高貴出身的人也猶如奴隸，而所有人民都注定要受主子瘋狂或愚蠢的擺布。「說真話」是民主的必要特徵。然而民主與「說真話」的惡質關係也可能造成墮落的過程，威脅甚至摧毀民主。任何人可以隨意發表議論，尤其是代表多數或盛行當道的意見，從眾，甚至是討好多數聽眾感覺的意見（我們習稱之為「民粹」），可能發生劣幣逐良幣一般的消音作用，消滅了民

主的「說真話」及其必要的區辨能力。的確，這段討論全然在古代雅典的文獻脈絡中進行，就如傅柯對許多議題的分析全然不顧當代的脈絡。但這些分析難道真的與當代的民主政治不相干？我不這麼認為。

在傅柯的論述與訪談中找不到（現代）「民主」一詞，確實是個值得一嘆的題目。但設想這般立題的寓意與效果，若是換個例題呢？我也大致搜尋過了，傅柯的工具箱裡也找不到「平等」一詞。這麼個左翼政治的根本理念，傅柯的年輕同事如巴迪烏與洪席耶那麼重視的政治概念，傅柯竟然缺席，未置一詞（或許除了討論古代雅典的 "Isēgoria" 「平等的言說權」），那麼意思是……？

在我讀來引人入勝，也是全書壓軸的一篇，〈裸露內心世界──傅柯傳記的不可能〉，作者交錯閱讀米勒（James Miller）撰寫的《傅柯的生死愛慾》、艾希邦（Didier Eribon）撰寫的《傅柯及其同代人》，兼及其間跨大西洋交火的憤怒與抨擊。這篇評論展現了我所認識作者的狡黠與譏諷，甚至可以說是波德萊爾式翻轉評價的機鋒，值得玩味。

我想像，這本小書不是什麼學術研究或課程的指定讀物，而是午後林蔭涼椅上的好讀，尤其是曾經或深或淺跟著傅柯的讀者，靜謐的重溫與新探。

朱元鴻
2012年6月於台中西屯

前言

　　對於哲學作者，尤其是當代哲學家的研究，存在著兩種截然不同的研究方式：要嘛，就是**對他**（sur lui）進行研究，成為專家、行家。要不，就是**跟著他**（avec lui）一起探索研究，在哲學家身上體會到研究路上一股源源不絕的激盪與鼓舞的力量。

　　這本論文集顯然來自後者。無論在法國或世界的其他角落，都有受到廣泛認可的傅柯思想研究專家，他們在這個領域的研究都勝過我千百倍。目前在大學或研究機構裡都已出現了**傅柯學**（foucaldologie），甚至發展出了種種**傅柯的門派體系**（foucaldocratie），在這其中所有關於傅柯的研究今後都是可能的。這個現象，還真是所有成一家之言的大師的共同命運——不僅具備了符合學界規範條件的常態化，而同時，他們的言說與個人的存在，處在特殊性與規訓的場域裡，卻又是如此的頑倔、永不順服。

　　本書所集結的文本則凸顯出另一種傅柯研究的方法：這些評論性的文章全都連結了某個「場合」（occasion）或某個獨

特的時空環境，連結著現時中的某個「問題」。我認為，這個問題並沒有獲得解決，但卻得以變得**清晰**、被探討，並與他所部署的許多概念、分析和研究**產生關係**，而得以重新組構。這一切都應歸功於傅柯。

傅柯倡言任何人都可以依其所需，隨意擷取哲學作品中的概念為己所用。他這種將哲學作品視為「工具箱」（boîte à outils）的論點，我認為很不謹慎。自從傅柯辭世之後，他的「工具箱」理論被運用得淋漓盡致。許多領域，包含他無止盡地嘲諷的學科（例如，犯罪學），都拿著傅柯所頒發的工具箱許可證，東抓西拿，任意使用，毫不尊重哲學作者本身。

相反地，我相信在哲學場域裡，一般會認為，在從事哲學思想研究的路上，不能沒有同道好友扶持同行。我們多少都會受到一個或數個仍在人世或已辭世的「朋友們」的支持鼓勵。我們跟這些所謂的「朋友們」持續進行著公開或沉默的「對話」，但從不建立某種師徒間的關係定位；這個「對話」關係，是研究哲學思想的條件，也是在**現時中**進行哲學研究（philosopher dans le présent）的根本目標。而從這個方面來看，現時中的哲學也正是將聲音和軀體賦予哲學在某個的一切都傾向於消逝的世界中的**在場**（présence）的哲學。

我因此寫下了這本書所蒐集的論文，這些論文篇篇都穿越

了傅柯所曾給出的線索，但全然不以一部傅柯研究的鉅著為職志。我也不必在層層疊疊已經砌成一座山的「傅柯研究」（Studia Foucaldiana）的作品中，再堆上一小塊石頭。就此，在他稱之為「診斷」（diagnostics），或用另一位同伴班雅明（Walter Benjamin）的話來說，「永遠處於進行式中的災難」（la catastrophe perpétuellement en cours）的探究上一路陪伴著我的也正是傅柯。

由衷感謝國立交通大學社會與文化研究所的同仁、朋友們，以及文化研究學刊，他們的努力不懈，終於讓這些文本得以中文出版。本書所收錄的論文無關乎傅柯的傳記題材，而我也由衷期盼這本論文集能激發讀者關注傅柯的種種鮮活思維（pensée vivante）。無論「作者」是否還在人世，他的思想永遠是鮮活的。

目錄

Contents

傅柯／危險哲學家

Michel Foucault :
Un philosophe
dangereux?

危險哲學家？
Un philosophe dangereux?

　　我們發現傅柯經常使用「危險」（danger）、「危險的」（dangereux），甚至「危險性」（dangerosité）等字眼，在傅柯的各類著作中，「危險」這個字總是不斷出現。傅柯經常將「危險」這個負面的字眼顛覆為正面的；例如他評論有關亞陶[1]的書寫已瀕臨瘋狂邊緣，充滿著危險，他在此其實是歌頌危險。例如在他提到克羅索斯基[2]文章中的那些惡作劇的成分相當危險時，他總是帶著某種正面肯定的意味。再如傅柯談論現實社會中的治安問題時，也使用「危險」這個語彙，但字裡行間卻一點都讓人感受不到危險的威脅。他在不同的文本中都賦予了「危險」正面的意義。傅柯持續將危險隱藏在

※全書註釋未特別標示者，均為譯者註。

1　亞陶（Antonin Artaud, 1896-1948），法國著名詩人、小說家、戲劇演員，也是法國戲劇理論家。

2　克羅索斯基（Pierre Klossowski, 1905-2001），法國劇作家、小說家、畫家、哲學家。

正面的意義裡，連哲學思維也依此分門別類；他設定了某些
具危險性的哲學（首先是尼采哲學），有的危險性低一點，
還有一點都不危險的。在布達佩斯（Budapest）³時，他寧可
到博物館欣賞莫內（Claude Monet）的畫作，也拒絕與盧卡
奇（György Lukács）見面，因為那一點都不危險。喬姆斯基
（Noam Chomsky）對他而言，可能也不夠危險吧，傅柯在荷
蘭與喬姆斯基對談時，氣氛非常沉悶，喬姆斯基激不起他的興
趣，兩位大師的對話全程了無生氣、枯燥乏味。從這個「危
險」的取向一路發展，當然，他對史坦納（Georges Steiner）
的嚴厲批評，更是前所未見。作為哲學危險人物的代表，傅柯
展顯了一種哲學實踐的效應。在這種思考下，德勒茲（Gilles
Deleuze）夠危險，我們甚至能確認這就是傅柯與德勒茲彼此
親近的基礎。相反地，德希達（Jacques Derrida）就不然了，
他掉進了某種海德格式的情緒狀態（pathos heideggerien）中，
或者說，他根本跨越不了主體與良心的古典理論。

　　我的企圖並非用質疑某個哲學的「危險性」判準的效力，
來提高傅柯的重要性。我只單純聚焦在傅柯使用的那些令人意
想不到的概念工具，以吸引注意力。他將哲學研究、權力議題
（那些有關公共空間、政治的活動）與現實性（l'actualité），
互相扣連在一起；就此，我要對傅柯危險觀點的演進與現狀，

3　布達佩斯為匈牙利首都。

提出幾個簡短的反思。

　　傅柯的精神思維其實是危險的，或被一個社會**感知到是危險的**（perçu comme dangereux）。所有可能的倒置點、論述秩序的可逆性、權力關係，一些明顯事務的分歧看法等，我們可以說這些都是某種「裝飾的倒置」（l'envers du décor），都會被這個社會感知到是危險的，並對某些範疇和個體貼上危險的標籤，所有那些朝向其移動便會引起有關秩序爭論的「邊緣」（bords）或界限，尤其是走到了根深柢固的秩序形式之臨界點，便會被視為危險。危險！危險人物到處都有：危險的作家，他動搖了作者的地位，將文章該有的起承轉合寫成一片朝天叫喊。危險的歇斯底里患者，他識破了精神醫學權力的進程。危險的工人，他倔強頑強地對抗工廠的規訓。危險的罪犯，他不屈服於招供的儀式，甚或爬上監獄的屋頂。還有危險的大學教授，他越過了大學教師的規範底線，如滴水穿石般地分隔了種種規訓的界線……。

　　危險，全都是危險的，因為在所處的時代，展現為唯一、必要、理所當然，與不可超越的，乃是維內[4]所謂的「怪異」（La bizarrerie），或佛洛依德（Sigmund Freud）稱之為「擾人

4　維內（Paul Veyne, 1930-），法國考古與歷史學家，專研古典時期與羅馬史，法蘭西學院榮譽教授。

的怪異」（l'inquiétante étrangeté）的東西。因此，危險首先乃
是這在實踐的知覺或諸多實際的再現中導入「懷疑」這個要素
的東西。居於拆解合理性（rationnel）的真實狀況中，懷疑的
這個要素乃是必要且獨一無二的。所有的人物都是危險的，
所有的管理都是危險的；有關現存、正當和被制度化的永存
能力，這些主題間的某種**可能差異**的不可能性（impossibilité
d'une *différence possible*）之陳述等，只要稍具疑點便是危險
的。支撐著「危險」態勢的修辭表達法的乃是傅柯著名的「而
如果……」（Et si…）。而如果，與其說女性的歇斯底里是神
經系統的疾病，終究會因醫學進步而被識破與受規範，這會不
會只是精神醫學全力發展的倒置效應呢？而如果，離成為現代
社會所面對的永遠的危險人物還很遠，罪犯原來只不過是證明
著警察大量繁殖的一個必要的建構呢？而如果，從十九世紀
起，所謂的性壓抑，只不過是性氾濫無限擴張的倒置呢？而如
果，大學與高中的哲學教學，與其是個體自律自主與公民性格
的培育，原來只不過帶來支離破碎的思維，像一個堆放雜物的
儲藏室，其目的在於讓年輕人更容易適應這個充滿規訓的世界
呢？還有，如果這個由大寫字母所尊稱的人（Homme），原
來只不過是個紋章圖案裡如同動物般的形貌，如同存在我們現
行的歷史與哲學沙灘上的刻痕，只要輕風撫過一瞬間就消逝得
無影無蹤呢？

　　因此，在一個充滿秩序的社會中，傅柯的哲學與政治上帶

著危險觀點的「遊戲」第一時間便解構了一系列被定義的危險，以展現出它的實用或「實踐」性格。這些危險凸顯了社會與推論的結構，完全改變了危險所具備的負面否定特徵。傅柯不斷地使用同樣的隱晦證明：秩序滋養著危險與災難，並使危險與災難爆發。1970 年代，針對監獄、不平等主義、西方現代社會中罪犯的形貌與「危險的階級」（classes dangereuses）等，傅柯不斷地反覆提出這樣的理由：為了使規訓、警察、司法與監獄找到足夠的正當性，犯罪是必要的，治安虞犯（délinquant）是必要的、關監那些無可救藥的敗類是必要的。因此，危險完全不是我們所信以為真的那樣；危險是分布、規範和常態化的操作者，是階序化的樣態，也是歧視與必要的排除。這種對危險的使用只與現代或當代社會有關。如果我們以這個角度閱讀《瘋狂史》（l'Histoire de la folie），我們會發現某些有關瘋狂的「危險」的嶄新知覺，加上其他的拼湊，就成了醫療收容所（l'hôpital général）得以誕生的首要條件。

　　由此將展開一個有限的通道，而這完全是傅柯的風格（他那種「幾近犯罪」的方式，我們今天已經有點忘了……），帶著挑釁與矛盾的處方——危險一點，再加把勁成為真正的危險人物！形成這個姿態的推論將大致是：既然我們的社會不會發生危險，既然這些都是假設的危險，既然這些圍繞在秩序邏輯周邊的各種爭論，既然所有的權力遊戲都經過精心設計，既然無論使用哪種方式，這些其實都是圍繞在許許多多的危險問題

及其爆發之上所作的安排，因此，這難道不是為了支撐一個大
學圍牆外的哲學，支援那個以**危險**為理想，並拆除了規訓基石
的知識分子嗎？

　　作個危險人物，努力存在並化身為某個危險，這將意味
著處於某種主體稟性（disposition subjective），和一個不穩
定的立場中。在這個立場裡，我們有最大的機會進行**差異**
（différer），擺脫束縛；而此地所展現的也並非某種替代方案
（l'Alternative）[5]或某種「大拒絕」（le Grand Refus），而恰好
是能量倒置的可能性、異議與斷裂。

　　這是建立在成為危險人物永遠意味著被意識（perçu）、
被**標籤**（désigné）和被**譴責**（dénoncé）這件事之上的關係和
主體性的遊戲。世界宛如一座舞台，大家應該還記得傅柯這
個出現在《詞與物》（*Les Mots et les choses*）首章的引述，在
他對維拉斯奎（Velasquez）的畫的長篇註解中，這個引述其
實說明了傅柯對危險的態度。而在《言與文》（*Dits et Ecrits*）
的第4冊第781頁中，有一段傅柯在1982年間與一位美國學者

5　英文的「alternative」有輪替、取代之意（讀者可在這兩個明顯區別的詞意
　　或可能性中進行選擇）。根據作者的解釋，大寫的「Alternative」一詞流行
　　於1970至1980年代的歐洲左派，定義為政治經濟的出路，並以一個完整
　　的形態解決所有當前社會的問題，建立一個與當前完全不同的社會，如資
　　本主義可由社會主義取代的方案等。

所進行的訪談，標題為「真理，權力，自我」（Vérité, pouvoir, soi），傅柯說：「有些人認為，我是大學生與大學教授智識健康的危險人物之代表，對此，我深感驕傲。當知識界開始以健康觀點進行思考時，那就是說，有些事已經不會再繞回原點了。對他們而言，我是個危險人物，因為我是個潛在的馬克思主義者，非理性主義者、虛無主義者。」

能同時在政治與哲學上作個「危險人物」（homme dangereux）真是太理想了，但傅柯會在其所選擇的戰鬥中拒絕這點：傅柯所在意的是尋找「擊破」（ça casse）點，那些能暴露出種種美麗的斷裂和響亮的異議的感性地帶：例如，他堅決反對當時蔚為風尚的沙特的存在主義（l'existentialisme sartrien），以及加洛狄[6]的人道馬克思主義的意見，挺身而出，以「不可寬容」（intolérable）的符號為由，批評法國監獄內的種種狀況，並抨擊堅決不放棄死刑的政府與司法機構。1981年12月，為鎮壓波蘭團結工聯，波蘭的國家領導人賈盧史勒斯基將軍（Wojciech Jaruzelski）發表宣言採取軍事戒嚴，傅柯嚴厲斥責當時社會黨（Parti socialiste）的第一書記喬斯賓（Lionel Jospin）與《世界報》（Le Monde）的總編佛維特（Jacques Fauvet）的回應過於軟弱。「作個危險人物」乃是展現衝突，並在接受對峙洗禮的狀況下建立一個舞台，而

6　加洛狄（Roger Garaudy, 1913-2012），法國政治人物、哲學家、作家。

這也意味著，重新將生命與意義賦予政治和哲學實踐，並恢復某個早已遺落在學術殿堂和國會曲折的權力遊戲中的**價值**（valeur）。

與我們所能想像的相反，危險這個論點的過渡，一如往昔，並非與傅柯思想的接受毫不相關。事實上，長久以來，從他還在世到死後遺著，這麼長的一段時間，傅柯已完成了某種「危險性的計畫」，而這也因此使他被大學哲學體制的壁壘歸類至分裂主義者（sécessionniste）與狂熱分子（那些以傅柯學說為博士論文的研究者，或被貼上「傅柯」學派標籤的人，真是倒楣透頂！）之列，或簡單地說，被輿論視為了某種左派哲學家，那最令人討厭的「68思維」（pensée 68）之殘餘。這也就是說，傅柯不僅危險，而且還成了不可理解，甚至不可信任的。一方面，本世紀初，在政治與哲學領域，當各種政治上的人道－司法和免疫的研究已成為必要，當秩序的邏輯幾乎已不再有任何爭議之時，所有傅柯思想的「情調」（Stimmung）已無異於無字天書。1970 年代，經常出現在傅柯的言談或筆下，有關監獄、犯罪、正義（la Justice）等的說法，如今幾乎都聽不見了；現在這些都不過成了權利、安全和風險預防等的問題。讓我們看看他對於監獄資訊團體（Groupe d'Information sur les Prisons，簡稱 GIP）[7]的呼籲：

「大家都這麼說：再也沒有監獄了。這些大量批評、講理

的人、立法者、技術官僚、執政者等紛紛問道：那您到底要什麼？答覆是：配上哪一種醬汁，我們喜歡被吃掉，這種話不是對我們說的；我們再也不玩刑罰，我們再也不玩刑事懲治；我們再也不玩司法（justice）的遊戲了。」[7]

　　當然，在這段遠離上述遊戲的期間，傅柯思想的所有面向不但產生了某種倒置運動，也變得奇特了起來。這主要發生在傅柯一些文本再版的編排階段（《言與文》，法蘭西學院的講稿）；新著作的編排不但顯示了傅柯思想的真實面向，也激起了知識界的無比關注。長期以來，多少因大學哲學空間流放之故，傅柯的研究工作在人文科學和「規訓」（disciplines）領域，以一種少見的歷史嘲諷為代價，走出了自己的路子——坐落於亞容市（Agen）的法國獄政學校（ENAP），每期都有學員提出《規訓與懲罰》（Surveiller et punir）的研究報告。在法國的獄政界，越是職位重要的官員，越是會在必要的時候，很機械地背誦《規訓與懲罰》一書中幾個重要的完整段落。談到有關獄政空間，傅柯曾說，「戰役的轟隆聲響」（grondement

---

7　監獄資訊團體由傅柯、法國社會學者多梅納克（Jean-Marie Domenach）、歷史學家維達─納克（Pierre Vidal-Naquet）於1971年2月8日正式簽署成立，其目的為動員知識界與獄政從業人員關注監禁系統，並以此作為輿論和受刑人之間的橋梁，將訊息從裡面帶到外面。該團體成立後最直接的效果便是受刑人有權閱讀報紙與收聽廣播的這點。監獄資訊團體在成立之初便宣布其宗旨並非在於改革獄政或建立理想監獄，而在於使受刑人有吐露刑罰制度中種種不可寬容情事的管道。

de la bataille）令人血脈賁張⋯⋯。

　　傅柯力圖推展的危險哲學或後哲學（post-philosophique）
罕見的「危險的思維」也隨著這些小小的改變而進行了倒
轉。目前他幾乎在所有知識分子的刊物上都占有一席之地，
毒癮觀察者「重新研究」（Retravaillées）傅柯哲學、有關愛
滋病與高風險行為的報告，諸多的「規訓」在現今都重新受
到評價，在這個時代的「現實主義」（réalisme）狀況下，
生命政治與生命權力都受到了掌控，這個現實主義以治理性
（governementalité）運作來「讓人活」（faire vivre），且其運
作與施行可能不全然在黑暗中進行⋯⋯。

　　再者，為了紀念傅柯逝世20周年，數年前，巴黎舉辦了
「傅柯24小時」（24 heures Foucault）的活動，活動由藝術家
湯瑪斯・赫雄（Thomas Hirschhorn）籌辦，24小時的活動包
括電影、展覽、讀書會、專題講座、音樂演奏、戲劇表演，
電台節目製作等，混合了學術研究論文發表、情色影像、廉
價商品、檔案資料、當年的訪談原音等；這充滿藝術性、文
化與哲學的「傅柯24小時」，無論嘲諷挖苦都成功展現了文
化上的稀有罕見（denrée culturelle）。如同在沙礫中淘金，
如果還有力氣與慾望的話，大家各自努力去找回「危險的哲
學」中的貴重金屬，希望傅柯的危險還能有個哲學標籤（label
philosophique）⋯⋯。

康德讀者傅柯——現實問題
Foucault lecteur de Kant——la question de l'actuel

1983年，傅柯在法蘭西學院（Collège de France）開課，在一堂課中，傅柯以哲學史的方式談論康德（Immanuel Kant），以康德的〈答問：何謂啟蒙？〉（« Réponse à la question: Qu'est-ce que les Lumières? »），問題化了**現實性**（l'actualité）這個主題。傅柯說，現實應被理解為某個「雙重」的對象——它既有某一時刻或某個時代的獨特性，同時也建構了現時主體化模式的地形學（la topographie d'un mode de subjectivation du présent）。

對傅柯而言，康德文本中的現實問題，與現時相關，在啟蒙前與啟蒙後迥然相異，呈現出了一個斷裂，與過去思維的斷裂。更明確地說，康德所闡述的現實，與一般條件下的歷史主義或年代發展所符合的現在（un présent）是兩回事。它不只是位於過去與未來之間，一個從歷時性的軸線上單純剪下的時序，現實同時也是一個得以提出問題的空間——

「今天，現在，發生了什麼事？」（Qu'est-ce qui se passe aujourd'hui, maintenant?）或者還能問：究竟是誰帶來了此刻的獨特性？（qu'est-ce qui, au juste, fait la singularité de ce présent?）現實，是對現時進行理解的關鍵，它將賦予我們某種政治、歷史，甚或是哲學的賭注：「是誰在現時中對哲學反思現實地產生意義的？」（Qu'est-ce qui dans le présent fait sens actuellement pour une réflexion philosophique?）在同時作為過程和運動的主體與客體的狀況下，我深入地對此刻意義的認知和探測進行了研究，並努力提出了某種診斷。我們可以很清楚看到，傅柯對康德文本的重讀不但呈現出了某種尼采式的視域，並以此調適他對於現實的觀點，實際上，傅柯也因此而形塑了這樣的一個現在的**價值**，尤其是其真理的價值。

　　康德在答覆當年德國的一本期刊《柏林月刊》（*Berliner Monatsschrift*）的提問時寫到：對哲學而言，何者在我所屬的當下**造成著事件**（fait événement）？當下賦予著我何種狀況？何種行動的計畫對我而言是可能的？在此，我們立刻看到了這個**我**（moi）（也就是說，哲學的）聯繫著某個確切的**我們**（nous）。首先被提出來的乃是共屬狀況（conditions d'appartenance）的問題；對康德而言，這個自我所聯繫著的確切的、歷史的「我們」（nous），聯繫著一個歷史共同體，而這個共同體則被定義為現時的。康德的答覆，在傅柯的腦子裡轉動，傅柯依這一點便在哲學中偵測到了某個新的手勢，他

認為，從此文本中的康德起，一直到康德之後，哲學將會如箭一般地瞄準射向現實，哲學將與現實建立起某種「矢狀」（sagittal）[1]關係。哲學家們將明確地自問，他所處的位置、他的含意是什麼？在這獨特的此刻，那些是他的任務和計畫——這真真確確的此刻，而並非其他時刻。

傅柯說，哲學不但在此採用著某個**現代性的姿態**（posture de modernité），並形成了某種現代性的論述。從今以後，哲學的角色將包含對現代性的診斷，偵測現時的預後徵兆，並研究這造成事件的事物。當然，這裡便涉及了康德對法國大革命的理解，以及法國大革命對康德的啟發。

傅柯將串連1784年（〈答問：何謂啟蒙？〉），與14年之後的另一個文本，那是康德重新對「現實性」的思考；作為對另一個問題「何謂法國大革命？」（Qu'est-ce que la Révolution?）的回答，康德是在《學科的衝突》（*Conflit des Facultés*）的三個論證中提及這個問題的。我將簡略概括康德論證的發展，尤其是第二個論證。康德在此引入的問題是「人類是否能有恆定的進步？」（Y-a-t-il un progrès constant pour le genre humain?）要答覆這個問題，康德說，我們必須先設定進步的**可能成因**（cause possible）是否存在，如果這個成因確實

1　「矢狀」這個詞來自於拉丁文「sagitta」，意思是「箭」。

產生行動，則必須涉及一個**事件**（événement），這個事件將顯出某些效應，並將具有這個成因的有效性**記號**（signe）的價值。因此，實存的記號在歷史的長河中便有了一個恆常而非點狀的進步。康德以他那精確的辭彙明白地說，這個記號必須具備三個特質：可回憶、可證明和預後的。

可回憶的意味著：當我們回頭看過去時，得以保證這個過去的存在不變。

可證明的意味著：現實所發生的事情或行動，展現出我們可被說服的恆定的進步。

預後的意味著：我們能夠被保證事情的發生與過程是永久的。

因此，我們是否能辨識**圍繞著我們**（autour de nous）的一個事件，它同時具備了持續進步之可回憶、可證明和預後的能力。而這個持續的進步是否能席捲整個人類世界？針對這個問題，康德的答覆是：是的，的確存在著這樣的一個事件，那就是法國大革命！

然而，法國大革命並未被視為戲劇性的事件、革命的災難、連續或曲折的事端，也並未被看作敵對勢力的對峙。事件的純政治尺度**無關緊要**（peu importe），康德這麼說：「我們所見到的，人民革命的精神是否在今日被實踐，無關緊要；革

命成功或失敗，無關緊要；革命是否會帶來恐怖災難，革命所累積的恐怖災難是否能使明白事理的人們帶著無窮的希望，在重新進行革命時記取教訓，無關緊要。」

　　如果革命的純政治進程、沒有出路、人命代價、成功與失敗等這些災難都無關緊要的話，那究竟什麼才緊要呢？真正要緊的，是進步的真正記號，換句話說，也就是建構一個大革命的**公眾**（public）的方法。康德說，這乃是個將被那些不使用它，卻將它驗證為某種「觸動著熱情的抱負共同感」（une sympathie d'aspiration qui frôle l'enthousiasme）的人們發現的方法。這種情感、熱情，激起了當下人性（l'humanité présente）中的道德稟性，更明確地說，讓他們走向了自由的稟性。事實上，挑起人民對法國大革命的熱情的，首先是彰顯了賦予所有人民符合他們所願所需的政治構造的權利；其次，司法與道德的原則也在此同時浮現，以排除人民間的相互攻擊（針對這個主題，請參閱康德的《永久和平論》）。

　　因此，法國大革命如同一個劇場，展現了人類道德進步的能力，恆定進步的能力。這個革命擁有預後的記號：如果法國大革命的結果能成為問題的話，經由革命所激發與展現的人民的稟性（自主和平）便絕不會倒退，也絕不會被遺忘。我們在此也很清楚地看到了康德的觀點：法國大革命可以直接扣連上啟蒙運動，因為法國大革命已用無庸置疑的方式顯示出了人

類進步的不可逆轉性。

　　這個觀點區分了事件的兩個政體（régimes）：有的是在它的偶發的、脆弱的事件；這種事件無能遵守承諾，它只會重蹈覆轍，並在伏流的現實上碎裂；而有的事件則具證實的價值，它並不單純地凸顯時代傳承，而是位於某種更迭的時間視域之中；這樣的事件歷經久遠也不會被拭去，不會消失。因為，康德說，當有「這類的新嘗試」（nouvelles tentatives de ce genre）時，它極可能會以記憶的方式回返，歷史的事件－記號之無限可能，不但開展了人類在未來的潛在行動，也證明了人類道德進步之能力。

　　康德分析的獨到之處在於，他並非以其成就（廢除特權、制定憲法、規畫教育藍圖等），而是以事件所引發的情緒，或革命所展現的稟性來看待革命。而這也展現出了康德所謂的「熱情」（enthousiasme）的重要性。熱情（有趣的是，康德在此借用了法文的Enthousiasmus，而非德文慣用的Begeisterung）是事件－革命所激發的「迴響」，而非組成它們的行動。我們可以說，康德對革命的研究在這裡乃是強烈地反歷史主義的。事實上，康德的革命「敘述」將我們移往新的人物身上：他們不再是締造事件與領導革命的諸多行為者，意即馬克思所謂的「孕育歷史的人」（accoucheurs de l'Histoire），而是革命事件的見證者。康德式的見證者並非身

處事件舞台之外的純粹觀眾，而是在某種嚴格的意義上現身
於事件中，或如沙特所說的「捲入其中」（embarqué）的見證
人，被所有這作為記號的事件所牽連。無須處在革命的暴風
圈裡，無須直接經歷1789年至1795年的法國的偶發局面，才
能作為事件的見證者；事實上，對康德來說，只要能被可回
憶、可證明和可預後的這三重價值所牽連就夠了。從這個觀
點看來，在十八世紀末至十九世紀初的德國雅克賓黨人（les
Jacobins allemands）同樣也是「法國大革命的見證者」；他們
都帶著對革命的熱情；再如聖·馬丁（San Martin）或西蒙·
玻利瓦（Simon Bolivar）；再過數十年之後，義大利獨立運動
時的加里波底派人士（Garibaldiens）；而就在更久的一個半世
紀後的二戰期間，法國的反抗軍也將他們的部隊命名為聖·傑
斯（Saint Just）或羅伯斯比（Robespierre），而這在在也都是
法國大革命記憶的回返。

　　康德在閱讀革命的事件中所進行的是某種根本性的置
換：這並非以過去的場合為主題而流傳下來的某個有問題的
遺產，或以歷史「家業」（patrimoine）的方式來處理集體記
憶，而毋寧是如同一道缺口，一個開口，如層層雲霧中所乍現
出的一道青天（在此，我所想到的是那海德格式的「開顯」
Lichtung）一般，突然間，看見了人類邁向最佳境地的傾向
──這同時也是康德的人類學中經常出現的人類「自然之惡」
（naturelle méchanceté）的一部分。能為事件分類的乃是其永

遠未完成的特質：不停地被世事的演變所塵封隱埋，但也一直
有可能回返到人類生活中；只要狀況或機會有利於某種「嘗
試」，這無限的可能性，在見證現實性的位置上，便會提供後
世子孫完美的當代版法國大革命──這就刻畫了某種「開放
的歷史」（l'« histoire ouverte »），某種康德在字裡行間所刻
畫出的一股股力量。而且，事實上，當代所有的政治抗爭，
例如在法國，對抗所有麻木不仁與所有岐視的抗爭是為了讓
那最弱勢、最邊緣的族群能被認定為某種條件下的「主流」
（majorité），而並非以單純的「裸命」（vie nue）對待。在
現實性中，具行動力的見證者形貌不斷地召喚著人們稱之為不
可寬容（intolérable）的種種事蹟；這不單是以不可觸犯的人
道－司法原則（principes juridico-humanitaires）之名進行召喚，
而是因事件持久的亮度與無休止的呈現而彰顯了人類平等的規
範，凡此種種，難道不正是印證著康德觀點的旺盛生命力嗎？

　　於事件這個概念的中心所浮現的便是公眾的論點。事件會
激發出相互分享的情感，某個在其場合中被分享的主體性。
事件的呈現如同一場「奇觀」（spectacle），但參與其中的觀
眾並未被圍欄所分隔：相反地，事件動員了觀眾，滋長了他
們更為莊嚴的抱負，而也正是這種精神感應或行動、事實、
稟性和情感間所產生的交相互動，將完成人類的「進步」
（progressiste）目標。

　　就此所湧現且幫助我們思考自身的現實性的這個形象乃是事件的當代成就；一個集體的主體，由一個與事件相關的永續衝力所帶出，而這個主體便構成了同時被啟發和被吸引的公眾。康德的立場介於理性與激情之間，有意思的是，這個立場正處在傳統的反對立場之外。激情的公眾不能被說成是一群被激情所蒙蔽的公眾；相反地，在某種程度上，他們是受事件感動，以至於可任意地將其渴望放到最大，並以整個人類或人性的方式自我探測的公眾。熱情的重要性在此等同於政治情感，受革命事件所激發。康德式的熱情與史賓諾莎（Baruch Spinoza）所描繪的狂熱主義完全是兩碼子事；前者不能與場合的構成分離，康德式的熱情在場合中是具有能見度的；明確的人類進步傾向，這是康德在道德的面向中首先所刻畫的主題。

　　在康德的文本中，最令傅柯感興趣的是事件在賦予當代人某些指令（「當個成年人！……」）的同時創造著時代，標示著某種程度的現實性，與替主體自由開啟一個無限的空間（「要自由、要自主！」）之間所建立起的這具有生產力的張力。對傅柯來說，在建立起主體與其自身的現實間的密集關係的情況下，康德架設了一個我們稱之為「我們自己的歷史本體論」（une ontologie historique de nous-mêmes）之基石。傅柯認為，現代性的態度還包含著向我們質問，我們如何以將自身視為現實性發問的方式，將自身建構為我們此刻的主體。現代性的立場也不斷地向我們要求這在歷史時刻中將其獨特化之

物，以及它究竟帶給了我們什麼任務。傅柯認為，在現代性中製造事件的乃是歷史性的某個特定的主體化模式，換句話說，是「以我們的作為而肯定認同我們是主體」（nous reconnaître comme sujets de ce que nous faisons）的方法，以我們並不非在歷史中以「作者」（auteurs）或「統治者」（souverains）的立場而行動（如創造歷史的英雄、帝王），而是以我們自身的能力，作個成年人，與那個在歷史長河、時間輪轉裡的命定的、無記憶的我們徹底分離，成為現實的主體，不再宿命。

傅柯的問題化過程
Problématisation chez Foucault

　　傅柯是那種少見的哲學家，是那種喜歡提問勝過於答覆，喜歡問題勝過於它們的「答案」（solutions）或假裝解答的哲學家。傅柯的研究就從提問的整體布局而具體成形。在邁向生命終點時，他更加堅持哲學研究的**問題化過程**（problématisation）。圍繞著問題化過程，配置著一個旨在已知的現實場域或思想及論述的秩序中，掌控著「問題」的哲學實踐。在這個意義上，問題化過程將與諸如描述、分析、譯讀、重構和敘述等智識行動相對立。問題化過程是呈現出其獨特性的思維步驟與合理性的運用。舉個例子，讓我以《規訓與懲罰》出版後，某些歷史學者就監獄史的部分對傅柯所提出的反對為例。諸如雷歐納（Jacques Léonard）等歷史學家責備傅柯不夠嚴謹，忽略了一些重要考據，拐彎抹角地解讀部分文獻；這些歷史學者的批評似乎認為傅柯想要寫的是一部現代監獄故事（une histoire）。傅柯的答覆是當中有所誤解：他並不想敘述監獄的起源，或從十九世紀初到現在，作為機構建制的

不同階段的重新建構等等。恰恰相反，他想做的是**提出一個問題**（poser un problème）：權力形式的問題，規訓與懲罰空間的問題，後者從一開始就顯示出了某種烏托邦的傾向——監獄的改革，重新教育受刑人並使其改邪歸正重返社會——因此，一實施不是馬上失敗，要不，失敗也是可預見，至少是不可避免，而且還是**有用的**（utile）。如果權力不是以存在著無可救藥（irrécupérable）且極端危險的犯罪類型向民眾呈現那些固有的危險的話，那麼秩序，特別是警治（l'ordre policier），會有他們大量存在的依據嗎？更何況，即使是監獄也無法使這些罪犯返回正途。監獄的「問題」因此是獨特的，這種規訓空間和權力形式的怪異，其中所顯示的規畫不但是個幌子、偽裝，且真正的規畫是不可言明的……

　　我們可以從這個例子得知，可從《古典時期瘋狂史》（l'histoire de la folie à l'âge classique）中找到例證，或從傅柯在法蘭西學院所講授的《精神醫學權力》（Le Pouvoir psychiatrique）課程中得知，問題化過程包含了建立垂直關係——傅柯有時說為矢狀的，拉丁文為 sagitta，箭矢，一種真實的秩序或論述系統，甚或以傅柯的用語，一個既有的**知識型**（epistémè）向他們**提出一個問題**（adresser une question），換句話說，呈現在什麼樣的狀況這種真實秩序，這種論述系統應向我們呈現為是**有問題的**（problématique），無論哪一種被製造的、被運用的證據系統：在此，監獄的論點就如同某種人性化的手段或是緩

和了的刑罰一般。問題化過程包括了對一個現實世界的秩序或**可疑的**（douteux）思維秩序進行還原，以區辨脆弱的諸多跡象。我們別忘了，當傅柯書寫《規訓與懲罰》之時，法國的監獄起了火，騷動不但接二連三相繼而生，受刑人也與他們的家屬訴諸輿論，揭發受刑人境況等法國監獄醜聞。因此，傅柯的書採用了這個質疑的表達方式：法國的監獄、權力與獄政規訓到底出了什麼樣的問題，以至於到了今天的地步？或者，我們還可以系譜式的詞彙問道：這個危機，不論遠或近，究竟從何處來？實際上，這個時代的想法是，現代社會具備了所有的刑罰，交會於懲罰監禁，取代了肉身酷刑，取代了死刑，難道這個時代的想法是無庸置疑的嗎？

　　哲學的任務是如此定義的：辨識某個實際狀況或已知的論述秩序的問題元素，以區別脆弱的跡象與重建它們的歷史性條件，並辨識究竟透過何種努力可帶來它們的實踐與普遍性的思維。歷史，廣義的人文科學思考著如何對這**實際**（en réalité）或**真正**（en vérité; eigentlich）是什麼的問題提供令人信服的答覆；因此，這樣的時代，確切地說，乃是這樣的一種社會物件或實踐系統，以及這依相對的規訓而生效的規則所製造出的描述。傅柯對問題化過程的實踐應用是如此的與眾不同：以問題的形式射出箭矢，直抵被瞄準的實際問題核心。因此，在《瘋狂史》裡，這個特徵遠道而來，且向西方社會中排除問題的哲學賭注投以強烈的目光：「為什麼不可能在非理性的差異中維

持原狀呢？迷魅於感性的譫妄，監禁在瘋狂的幽暗處，為什麼瘋狂必須與自身分離呢？瘋狂又是如何被排除在語言之外的呢？到底是何種權力使其所面對的對象都停滯不動了？是何種權力判定它所堅持的非理性證據為瘋狂的呢？」[1]

　　問題化過程可被定義為一種方法，包含了拋出問題，陳述問題的程序，這些對讀者有同等啟發的問題，並拋出對問題化過程進行反思的挑戰。問題化過程以置換或擷取思想基底方式創建了一個向提問開放的空間，例如傅柯在《臨床醫學的誕生》（Naissance de la Clinique）結尾所作的陳述：現代醫學思維，從十八世紀成形，在我們的經驗場域設定地標，使我們發現自身的有限性，以及在不同場域以相同名義所產生的知識和論述──傅柯引述了荷德林[2]，與李爾克[3]的詩作。醫學的思維是以作為「以充足的權利介入人的哲學狀態」（engage de plein droit le statut philosophique de l'homme）與「描繪一個尚未解套的結構」（dessine une structure qui ne s'est pas encore dénouée）而被問題化過程的。問題化過程可被定義為一種思維的技術，目的在於讓我們拉開間距，我們從這個間距，可以

1　請參閱《瘋狂史》（l'Histoire de la folie）第三部分，〈導言〉，第372頁。──作者註

2　荷德林（Friedrich Hölderlin, 1770-1843），德國古典－浪漫時期的詩人、哲學家。

3　李爾克（Rainer Maria Rilke, 1875-1926），奧地利作家。

捕捉那些圍繞著我們並構成我們的論述的種種事物。

對傅柯而言，問題化過程的視角乃是必要的。我們必須重新對思想的歷史性條件進行提問。單純地思考歷史並不足以理解被安排在歷史先驗（l'a priori historique）之上的論述秩序與實踐系統。因此，我們不會遵守再現系統的描繪，更不會遵守行為的圖式和態度。由此觀之，思維並不單純形成再現的場域。在這個視點上，思維同時也具有反思性的形式；它在我們思考與行動的關係裡被建構，在它的現實性裡被建構。我們以此途徑在真實與虛假、可能與不可能、正義與不義的世界裡建立起思考與行動間的關係。

傅柯將這個反思縫隙描繪成由此啟動某個自由運動的「後退支撐點」（prise de recul）。因此，這裡便有了某種從自我到自我的差異出現的可能性。從自我到現前，這個距離並不以後退或疏遠的形態出現，而是以建立某種批判能力或使差異的可能性出現的樣貌現身。在兩堂針對康德的〈答問：何謂啟蒙？〉的講課中，傅柯談到現代性的主題；他說，就是在此狀況下，當下才等同於現實性：在這個範圍裡，既然當下對我們「提出問題」，並召喚著我們的批判官能與面對大歷史的責任，因此，它的出現便如同我們主要狀況的折射面；作為現代人，我們將對這當下不停的提問。

　　所有真實的歷史性、思維圖式與管理模式的狀況皆顯示出那些很明確且無庸置疑的證據系統，對人們而言，都可能成為「有問題的」（problématique）。所有被證實的實際狀況，所有被規範的陳述，所有常態化（normalisation）的進程，都可能成為「有問題的」。由此觀之，在傅柯研究的概念中，問題化過程精確地與常態化相對立。思維、陳述成為常態，監督管理則召喚它們成為問題。

　　傅柯努力辨識的是面對當下的**思維批判立場**（position critique de la pensée）。他的問題並不在於提供一個以無視當下而建立批判的切入點（部分馬克思主義者的研究法是這麼做的），而是呈現出某些「堅實」物，召喚它們的歷史性、非問題、成為問題的狀況，而在某種實踐和論述無限擴張所帶來的諸多天經地義的行動中，讓這些物成為問題性的。

　　我們經常可見傅柯對既有客體的獨特性進行問題化過程的分析模式；當他開始在《古典時期瘋狂史》裡著手研究瘋狂，在《臨床醫學的誕生》中深入探討疾病，在《知識的意志》中研究性意識，在《規訓與懲罰》中探究監獄的刑罰等的這每一本著作中都可發現這點。在每一個案例中，問題在於如何運用考古學與系譜學的研究方法，形成明證性的系統、真實的體制、陳述的規範、知識與特定權力的遊戲，並在這些遊戲上，裝配著種種同樣有效率的部署，如醫院、監獄、現代的臨床診

斷，各種分析療程等……

　　在這個觀點下，我將再度重申，關鍵並非在於否認當下，使實踐系統無效；事實上，這些實踐系統乃是些對我們進行賦權，讓我們在辨識面對當下時得以建立起某種警惕措施的領界。換一種方式說：經常作為我們的論述與判斷參考的種種普世判準在此也應被當成問題化過程的核心，換句話說，必須讓這些普遍性自身成為有問題的；誠如傅柯所言，我們在此所辨識的乃是「做哲學的危險」（danger qu'il y a à philosopher）。根據這個論斷，**所有事物都是可問題化的**，換句話說，必須繼續延伸歷史性狀況，理解這作為思維的不可跨越的視域之物，並帶著絕對和普遍性的標記以捲入與論述秩序守護者的某種衝突。人們經常指責傅柯的**懷疑論**（scepticisme），但我認為，他藉由現代性的狀況，努力將關心現前的強度與區別現前的能力相互組合，即使難度相當高，但終究達成了。

　　對傅柯而言，當思想的倫理辨識著某個實際、想法或有問題的管理元素時，其重要性也才得以顯現。傅柯以古希臘與羅馬時期男孩們的愛情，尤其是那著名的「男孩的二律背反」（antinomie du garçon）為例：「古羅馬或希臘人很難接受一個將要……擔負起家庭與社會責任，並對他人行使權力……的男孩，曾經在與另一個男人的關係中是被動的。這不但在道德價值的規範中難以想像，且我們也不能將其視為一個禁

令。」[4] 事實上，此處所辨識的問題，與主體的稟性和生存的藝術相扣連，關係著自由人掌控其自己的命運的這件事。在建造了一個完全的管理場域的有問題的關係中，主體被帶至與他自身的關係中進行探究，並在他自己所存在與他自己的行為、言語間差異的空間裡進行自我思考或反省。這並非意味著提出禁令或規則，而是以校準某個確切的不確定狀況的方式，使經驗等同於「問題」的這個面向得以浮現。

傅柯說，只有在論述系統與實踐部署能以「不進入思維場域」的方式開始行使它們的效應，在過了很長一段時間之後，這個不確定狀況才會出現。因此，問題化過程的可能性僅出現在主體停止與他們的思維、言語和行動絕對地吻合的狀況下，僅出現在與思考、作為和行動方法相異或後退的純粹可能性之處。問題化過程也因此將與「自由」產生關聯。在這個視角下，完全的自由乃是某種差異的能力（une capacité de différer）。

「問題化」（problématiser）、「問題化過程」乃是在法文字典裡無足輕重，但卻對德勒茲定義哲學活動來說是無比重要的詞——概念的發明，就其過程而言，經常可能冒著創造新字的風險。我們在此碰到了一個難題：在回應來自真實狀

4　對此，請參閱《主體詮釋學》（l'Herméneutique du sujet）。——作者註。

況的挑戰時，我們經常會以理解或被要求的實踐來面對「問題」；我們都在發明新字，或重新表現及使用已存在的詞以構成問題化過程的新模式。然而，接下來，這些問題化過程的模式中很特別的新字或重新表現及使用的詞逐漸被視為與其他的詞一般自然存在著，且對我們而言，它們也變成了「物」（choses），例如生活中的自然物件、歷史和人類的管理監督等。而事實上，「問題化」及「問題化過程」並非自然產生，而是被建構而成的。我再借用傅柯的例子，說明新字會遭遇的問題——古希臘「同性性慾」（l'homosexualité）的這個詞乃是全然地陌生於其情慾或性生活問題化過程的專屬樣態的。因此，有些人自問，拿破崙軍隊所行之處所帶來的大屠殺（massacre）是否應歸類為「種族滅絕」（genocide）[5]，猶如種族滅絕具永久性，而非歷史性的狀況與作為某個確切時代災難的特定感性形式，就如同奧斯維辛集中營（Auschwitz）或古拉格（le goulag）。傅柯問題化過程的命題很可能會被視為某種對抗天真的客觀主義者或尖酸刻薄的普遍主義者之疫苗。回顧過往二十至三十年的教學生涯，在像法國這樣的國家，高中哲學教師最後將如蘇格拉底一般被城邦法庭判處戀童癖罪——依照當時的處罰條列，這乃是「帶壞年輕人」（corruption de la jeunesse）的罪。

5　拿破崙時代並無「種族滅絕」這個字。

*　Problématisation chez Foucault, Entre chiens et loups - *philosophie et ordre des discours*, L'Harmattan, 2009

傅柯的部署論
La notion de dispositif chez Michel Foucault

　　傅柯1970年代中期的哲學研究中，部署一詞頻頻出現。這與他第三類主題的著作有關——《規訓與懲罰——監獄的誕生》、《性經驗史，卷一：知識的意志》（*Histoire de la sexualité t1: La Volonté de savoir*），或更普遍地說，這包含了傅柯具開創性的現代權力理論的所有文本與對談，特別是圍繞在規訓動機之上的文本。

一、傅柯作品中部署一詞的出現
　　在這裡有兩個必要的初步評估：

　　1. 部署一詞的浮現標示著傅柯所採用的研究觀點的某種置換，某種視點、創新樣態或概念「裝備」（outillage）的轉變。因此，我們從「人文科學考古學」（archéologie des sciences humaines）（這個《詞與物》一書的副標）的宏大抱

負出發，這個抱負持續出現在《知識的考掘》（*L'Archéologie du savoir*）中，一直到既是往多樣且「瑣碎」（triviaux）的對象移動，又定位在針對特定對象的類型研究（監獄、軍事訓練、刑事上的精神醫學、十九世紀對手淫的壓抑……）上。它主要在於去了解這些對象在體制，尤其是規訓的體制下究竟是如何互相配置的。同時，它也要使這些對象從其自身的特定性、多樣性，以及它們所臣服的共同體制的配置（agencements）中顯現出來。

從傅柯對知識型這個關鍵字的使用到作為傅柯第二主題的部署一詞的過渡正標示著這種研究觀點的轉變。1977年，在《歐尼卡》（*Ornicar*）期刊的訪談中，傅柯便點出了此一研究觀點的轉變。傅柯說，知識型主要是某種論述的部署、某種論述的配置模式、某個陳述形式的集合；在某個知識的已知地形中，這個陳述形式的集合以一種橫斷的方式運作，從一個領域到其他領域（文法、自然史、經濟……），而因此，這也得以在知識的「平台」（plateau）上產生某種同樣的效應。知識型乃是某種固定在藉此區分真與假、科學與不科學的論述和陳述組織規則上的東西。在同一個文本中，傅柯說：「〔知識型是〕策略性的部署，在此部署下，人們可以在所有可能的陳述中揀選那些在科學性場域內可被接受的陳述，並讓人能夠說出：這些是對或錯的。也就是說，必須科學地將無法質化之物從可質化之物中區分開來。」

　　往前追溯，這正是《詞與物》與《知識的考掘》的計畫，這個「（古典時期）**知識型**的歷史」向傅柯呈現的是一條「死路」（impasse）。他說，這個計畫不但太專注和固著在論述分析和論述的平面上：普通文法的論述、布馮[1]與林奈[2]的自然史論述、十七世紀重商主義理論家的話語等……，也太注重在這些論述共同結構的假設研究上了。因此，傅柯指出，應該要變換視角，潛入比論述更深的地層，直到最瑣碎之處，並向異質性開放。論述在他眼前猶如一扇窗，但真要透過這扇窗來觀看一個時代的內部，就顯得太狹隘、太單一了。因此，必須要探測牆面、拆掉地板，研究結構的材料，並且從各種角度去看「這究竟是如何運作的」（ça fonctionne）。就是這個演化標示及檢視著對知識型一詞的放棄和對布置一詞的採用。傅柯將此一轉變定義為其研究範圍的擴展：「我所要作的是試著呈現這個我所謂的部署，它是比知識型更為普遍的情況。我寧可說知識型是論述的特殊部署；它和部署不同，部署是論述和非論述性的，它的要素是異質的。」[3]

　　因此，從知識型過渡到部署便意味著「到論述和陳述的彼岸」（aller au-delà des discours et des énoncés）。

1　布馮（Georges-Louis-Leclerc de Buffon, 1707-1788），法國植物與自然學家。

2　林奈（Carl von Linné, 1707-1778），瑞典植物與自然學家。

3　請參閱《言與文》（*Dits et Ecrits*〔Paris: Gallimard, 1994〕），第3冊，頁298。
　　——作者註。

2. 在傅柯的研究中，部署這個字出現在一個新的詞彙場域的內部，這個場域旨在理解網絡運作或某種串聯的成形——部署、裝置（appareil）、裝備（appareillage）、制度、配置、策略集合、網絡、模式、技術、機器、機制、機器設備等。這些術語或意義群組在那些年的研究所形成的觀點，以成束的方式配置，更勝於它們以指出個別對象的方式，清楚地互相辨認。作為既是整合又是多樣的集合，部署標示出了一種普遍的新問題性之出現（關鍵詞有權力、知識、性經驗、規訓、刑罰……）。在這個新的領域中，這些術語無止盡地相互映照。我們通常很難清楚辨識它們的出現地點；它們不但經常相互替換，且全被登錄在**技術**想像的名冊上。因此，在這裡特別令我們感興趣的是，時而彼此替換又時而彼此區分的「裝置」與「部署」這兩個詞。例如，傅柯在《規訓與懲罰》一書中提及了邊沁式的全景敞視監獄（panoptique benthamien）；傅柯一下說它是「重要的布置，因為它使權力自動化和去個體化」（un dispositif important, car il automatise et désindividualise），一下說它是「神奇的機器」、某個「使看／被看脫鉤的機器」（machine à dissocier le couple voir/être vu），一下又說它是「充滿懷疑的流通裝置，因為並沒有任何絕對（視）點的存在」（appareil de méfiance totale et circulante, parce qu'il n'y a pas de point absolu）。

我們要強調這一點：部署的概念與其他相關聯的概念在傅

柯的語彙中出現的乃是某種新的理論與概念想像的誕生與增長，伴隨著某些新的影像和隱喻的載入：網狀模式（與德勒茲－瓜塔利相近）、技術、科技和機械（machiniques）模式。在這裡我們所看到的不僅是問題性的改變，也是傅柯的哲學狩獵的表達方式（tournure）：知識型這個深奧的字，在結構主義蔓延效應的脈絡下，帶著某種科學主義者的嘗試與新實證主義者的印記。在此，《詞與物》和《知識的考掘》都被視為如往昔工匠們的「傑作」（chefs d'œuvre）；比起博學式的證明，作者所行使的乃是某種更為嚴密的論證。儘管傅柯總是為自己在某種程度上的結構主義傾向辯駁，然而，支撐知識型概念的語言模式仍隱然存在，就如同在同一時期，這些語言模式同樣支持著拉岡（Jacques Lacan）的對無意識的研究取徑。而且不要忘了，傅柯也在同一時期因「知識型」而備受重視，在康居朗（Georges Canguilhem）和維勒明（Jules Vuillemin）這兩位知識論者的積極支持下，他也因此得以敲開法蘭西學院的大門。

　　部署一詞的出現，在傅柯的哲學研究中，也伴隨著的乃是參照視域的轉變。說得更強烈點，我們乃從「科學」過渡到了「政治」（la politique）（正如我們將在最終進入的「倫理」主題一般）。事實上，我們不僅可在《規訓與懲罰》這本在「戰火轟隆聲」下急速完成，同時作為戰鬥及分析的書中感受到這種轉向或不連續性，也可在《知識的意志》有關〈死亡權，對生命的權力〉（Droit de mort, pouvoir sur la vie）的最

後一章中，發現某種政治－哲學的極大挑戰；傅柯在此提出
了某種對君權時代的權力觀念之激烈批判，並緊接著努力建
立一種權力或政治的研究取徑，也就是從部署此一研究取徑
出發所發現的「權力部署」（dispositif de pouvoir）和「支配部
署」（dispositif de domination）等。但貫穿全書的性經驗部署
（dispositif de sexualité）的分析也同樣是政治的：這是從十九
世紀所奠定下的「性經驗部署」開始，對現代個體究竟是在何
種權力和知識關係類型下被生產的分析。這也是關於了解我們
是如何被某種或多種性經驗部署所生產的分析；由於我們向這
些部署貢獻了我們自身，才使得性經驗部署得以對現代個體進
行生產並維持其生存，以及在這些相互作用下，如何不以司法
術語定義管理的主要部分（遵從法律、對禁令的服從），而是
以關係、瞄準、目標和實現等詞彙加以定義。這是另一種權
力模式的顯現，它和部署概念的浮現有著密切關係。傅柯闡
明性經驗及權力面向的錯綜複雜——因為在此，它經常是裝
置、部署和技術的問題；在這樣的問題中，性經驗（與「性」
〔sexe〕相對）作為生命組織的領域，某個被權力形成的領域
以及同時，論述的場域而出現。

二、部署論的用途及其延伸範圍

　　大約於1975年在傅柯的詞彙中出現的部署概念也被一直沿
用到了最後，並在後期的主題中以某種較為緩和的方式出現。

在閱讀《主體詮釋學》時，我們發覺這個詞彙已經比較不是用於策略操作，儘管它仍持續被引用。顯然地，權力的分析階段乃是部署在傅柯著作中的黃金時期。換句話說，在那段時期，我們的作者正竭力思考在生命政治（biopolitique）或生命權力（biopouvoir）的新狀況下，某種主權模式的揭示——「必須建立一種不再拿法律作為典範及法則的權力分析」[4]。在此，某種建立在法律之上的權力經濟（它是絕對君主政體的法律）是藉著宣告禁令及懲戒來尋找其有效性的。這乃是某種建立在生命政治部署上，並按機械、動力模式計算的權力經濟——這是些「運作」（fonctionnent）且在此運作中啟動生命的裝置。因此，順道一提，眼見法律無所不在的阿岡本[5]，肯定是假定的傅柯門徒中最不忠實的一位。

另一方面，我們必須強調，在一般情況下，傅柯說的是這個或那個⋯⋯的（de）部署。整個部署在此被扣連上一個決定、一個功能、一個空間、一個專屬的目的上。傅柯的思想在此也朝著對多樣性的持續領會前進。在某種潛在的意義上，我

4　請參閱《性經驗史，卷一，知識的意志》（*Histoire de la sexualité t1: La Volonté de savoir*〔Paris: Gallimard, 1976〕），頁119。——作者註。

5　阿岡本 (Giorgio Agamben, 1942-)，義大利當代著名哲學家，其主要研究領域在政治哲學，他以施米特（Carl Schmitt）與海德格（Martin Heidegger）式的閱讀，繼續發展傅柯的生命政治主題。目前在法國，阿岡本與內格利（Tony Negri）同為兩位重要的當代義大利政治哲學家，其理論常與傅柯的權力問題並提。

們很可能會發現某種布置的無限性，而且我們也從傅柯的文集中看到，傅柯已將其發展至某種極端多樣的配置或客體部署。在迅速瀏覽過傅柯在這個時期的著作後，我們便得以衡量出這些術語所延伸的範圍，要不，換個人們比較喜歡的說法——它的**擴散**（dispersion）場域。

在一篇1975年的文本中，傅柯談到十九世紀鄙民虜犯（plèbe délinquante）的規律生產，我們看到**立法部署**（dispositif législatif）這個觀念的出現：「整個立法部署精心設置了受保護及有利的空間，在那裡，法律可被違犯，有些則可被忽略，再者，說到底，在那裡犯法要受懲罰。」[6]

我們在此也看到某種將注定生產著規律性、建構動力集合、使實踐操作生效並充滿著策略功能的裝備論點的出現。部署一詞的使用，在傅柯提到**權力部署**時頻繁地重複出現。例如，關於瘋狂在十九世紀的新用途，在精神醫學誕生前，我們將這麼說：「我們將『瘋子』置於創意及畸形的域外。然而，它們仍在網絡中被沿用，它們仍在權力的布置下形成與運作。」[7]

6　請參閱《言與文》（*Dits et Ecrits*），頁719。——作者註。
7　同上，頁77。——作者註。

　　在此，要強調部署一詞使用的重要性，許多部署皆在網絡中運作（司法、精神醫學、醫院、監獄……）；這些特別部署的集合將和瘋狂或疾病產生關係，而這些編織還算緊密的網絡、功能及動力的配置並非外在於個體的：這些部署穿透、形塑，並將他們的輪廓清楚地進行了勾勒，賦予其位置並動員著他們的主體性（使他們屈從，並使他們成為主體）。在此，我們可以發現部署這個術語和裝置的區別在於：裝置經常被理解為更接近於我們習慣上賦予「制度」的意義。因此，「在我們的社會中，真理的政治經濟……是在非排他性的控制下被生產和被傳播，並且是處在一些巨大的政經裝置（大學、軍隊、書寫、媒體）的支配之下的」[8]。

　　當傅柯使用裝置一詞時，他是將制度視為某種得以從外在占有個體的活動的——由此觀之，這其實有點像同一個時期的阿圖塞（Louis Althusser）與普蘭查（Nicos Poulantzas）使之蔚為風潮的「意識形態的國家機器」（appareils idéologiques d'Etat）。相反地，當傅柯講到部署時，他所提及的乃是某種雙重配置：一方面是「機器」（在全景敞視監獄、醫療鑑定或精神病學的意義上，都是權力與知識機器）；另一方面則是穿透個體與團體的流動，直接影響著主體化模式——這些與政治、性意識、健康等有關的東西。然而我想在此再一次説明的

8　請參閱《言與文》（*Dits et Ecrits*），第3冊，頁159。——作者註。

是，這些區別乃是彈性的、多樣的，而且我們將看到更多情況是，傅柯將部署和裝置當成同義詞來使用[9]。

而除了「權力部署」外，經常被傅柯提到的還有下列意義群組，有時是單數，而有時則是複數：「知識部署」（dispositif de savoir）、「性經驗部署」。換言之，這是某種專屬功能性，或也就是說，某種共同效能或異質元素的一般性動力配置，誠如傅柯所言：「論述、制度、建築上的安排、規章條例的決定、法律、行政上的審慎安排、科學陳述、哲學、道德、慈善的命題，簡言之，已被說的，和那些沒被說的相同。」他再加上：「這些就是部署的要素。部署本身即是人們可以在這些要素間建立起的網絡。」[10]

由於部署組成了這麼一個網絡，它也因而有著某種協調作用及某種組合的能力。部署**以實用的目地**（à fins utiles）進行布局。傅柯藉克勞塞維茲式的用語[11]所表達的是：部署有某種策略功能，他說，它在「本質上就是策略的」。然而，這卻一點也不意味著它是在一個人、一個團體或一個階級手上，讓他

---

9 請參閱《言與文》（*Dits et Ecrits*），第3冊，頁201, 731 等。——作者註。
10 同上，頁2。——作者註。
11 克勞塞維茲（Karl Von Clausewitz, 1780-1831），普魯士軍事將領，西方著名軍事理論家，他所寫的《戰爭論》一書被視為西方現代軍事戰略理論的基礎。

們得以用來實現某個目標的工具（傅柯在此與當時的馬克思主義進行了區分，因為馬克思主義將警察和軍隊定義為為了「用來服務資產階級」的工具）。對傅柯而言，部署是「某種形塑的過程」，它的功能主要在某個既定時刻「回應緊急狀況」。傅柯使用了一些例子，例如在十九世紀所出現的瘋狂和精神病之控管－屈從（contrôle-assujettissement）部署就像是生產能量應用、生命常態化、身體標準化和分派，以及根據身體安排之總體規畫的組成部分，以及對標準步驟、制度和特別知識的安排；但首先，部署的要職在於回應某個要求，這個要求常常連結到一個新的情況；傅柯也以這樣的精神著眼於精神科專業的發明，因為正是這樣的專業同時連結了古代政體刑罰系統的廢除以及精神醫學知識的生產。

　　同樣構成部署之特性的還有其可塑性（plasticité）。事實上，為了能夠運作，部署必須具有某種穩定性的形式（常規、知識、步驟及建制……），然而，同樣也是在有效的範圍內，部署常常又反過來生產出在定義上無法預期和預測的效果。存在著某種部署的能動性和動力效應，這在在也都導致了其在先驗上的某種不可決定性（l'indéterminable a priori）。傅柯舉了監禁部署（dispositif d'emprisonnement）為例（這種部署和刑罰及監獄機關是兩回事——它是一組通向監禁、框限和價值化等的程序集合）。就像它在十九世紀所進行的配置：它對得以（透過監獄）形塑鄙民虞犯的生存環境（milieu délinquant）的

非計畫內的效應進行生產；然而，這卻是種能夠被工具化的效應，且布置將會重新適應這樣的程序，例如，將鄙民虜犯的生存環境用於政治目的（此即為使新手波拿巴成為都市中的老百姓的使用，馬克思在他的《路易・波拿巴的霧月18日》中對此有所分析）[12]。這種對其自身效力之無預期作用的適應過程，傅柯命名為「部署的策略性裝填」（le remplissage stratégique du dispositif）。

我們也因而較能理解部署如樹狀般的增生能力：巨大的布置驅動著一系列特定的微部署（micro-dispositifs）──就如同1977至1978年，傅柯在法蘭西學院的「安全、領土與人口」（sécurité, territoire et population）的講課中提到的：某個一般性的「安全部署」（dispositif de sécurité）逐步地被安排在現代社會中，它在配合個別功能的微部署的形式下，藉著某種無限的繁殖能力顯示其特徵。正是在這個面向上，部署能把某段歷史的計畫或某種安全性的考古學，具體化在國家理性（rationalité étatique）和治理性的關係中。社會安全制度是其

---

12 霧月即法蘭西共和國的第二個月，相當於公歷10月22日至11月23日。馬克思寫《路易・波拿巴的霧月十八日》時正值1851年12月到1852年3月，12月2日路易・波拿巴建立獨裁政權，隨後，便自立為拿破崙三世皇帝。馬克思將此政變與法國大革命時的拿破崙一世自立為帝之政變互相比照。他指出，1848至1851年法國的無產階級對於贏得政權尚顯生疏，然而此次經驗卻帶來1871年的成功，在列寧所寫的前言裡，引用了一句馬克思的話非常有趣，馬克思說到，「所有的革命都很愛這個機器甚於粉碎它」。

中一種附屬的部署，傅柯在分析其構成的矛盾性時提到：「我們能注意到這種東西是部署的功能性機制所固有的：一方面，我們提供人們更多安全性，相對地，我們也就提高了他們的依賴。」[13]在同一篇文章裡，傅柯談到：「社會庇護的完全部署……」。我們在此所看到的乃是部署一詞的（經常使用的）實踐特徵。在傅柯的著作中，這乃部分取決於其可能性，此一可能性隨著部署不斷地從宏觀學平面過渡到微觀學邏輯平面——從「歷史部署」（dispositif historiques）平面過渡到1970年代法國監獄中的重戒護區（Quartier de haute sécurité）。在其著作的第四及最後的主題中，我們便可看到部署的全面使用出現，例如：真理部署（dispositif de vérité）、「主體性部署」（dispositif de subjectivité），尤其是在以《主體詮釋學》為題所彙集而成的法蘭西學院的講稿中。然而，這些用法卻並未和那些點出部署可以是一個告解台或一個德考（Decaux）式公廁[14]般獨特或平凡的配置互相矛盾[15]。

所以這乃是藉由把部署這個術語發揮在廣泛及多樣的用途上來描述現代性的形式，現代性對將**理念**（idées）視為人類行動之驅動力的解釋類型，還有那些不停呼籲用某種「背後的

---

13 請參閱《言與文》（Dits et Ecrits），第4冊，頁368。——作者註。
14 法國JC Decaux公司設立的路邊投幣式公廁。
15 這些例子不在傅柯著作中，由我負責。——作者註。

力量」（forces de derrière）之決定效力來分析歷史、政治與社會現象的觀點進行了拒斥。傅柯所強調的是這點：部署不是像那作用在人或物之上的外在力量和之下或之後的機制，它是以「居民」（habitant）為其主要目標的純內在性，且它將穿越最多樣化的客體（或主體）並賦予其活力。部署藉由流動的行動展現：「（以下是）我們可以賦予歷史部署的名字：不是我們很難理解的某種隱藏的實在，而是巨大的表面網絡、身體的刺激、愉悅的加強、論述援引、認識的訓練、控制及反抗的強化，在此皆根據一些重要的知識及權力的策略，彼此互相連結。」[16]

凝聚在部署裡的乃是某種樹狀思維，它不是要說明種種「隱藏力量」（forces cachées）的動作，而是此流動的循環，這個循環不只以部署的再生產為目的，而且還傾向於新領域的革新、發展與合併。在此平面上，「性經驗部署」就如同它在十九世紀與二十世紀中所進行的這無止盡的創造及再發揮，且就某方面來說，這還是某種典範性的狀況。傅柯強調，性經驗布置部署「以越來越細的方式穿透身體」的能力，與「以越來越全面的方式控制大眾」[17]。

---

16 請參閱《性經驗史，卷一，知識的意志》（*Histoire de la sexualité, t I: La Volonté de savoir*），頁139。──作者註。

17 同上，頁141。──作者註。

　　對傅柯而言，部署乃是個戰鬥性的字眼，尤其是在對抗馬克思主義的聖經教義時，部署擁有著某種策略性的地位。這是一個在概念及理論的想像上召喚著某種調控（registre）的激進轉變的字眼。傅柯反對圍繞著個體及團體的配置概念，從馬克思式的決定論，到一些「嫁接」（branchent）在動力形式，以及使人們透過合適的科技與技術方式進入管理或行動場域的決定論。此一藉由部署所接近的社會及歷史世界，對傅柯來說，不只涉及現代性。他在《主體詮釋學》（l'Herméneutique du sujet）中所描述的古代的主體性世界也是一個在其中自我技術、鍛鍊、苦修實踐等扮演著結構性角色的空間。然而，在他的描述中，現代部署的特性之所以出現，乃是動態要素較靜態要素占優勢所致。現代部署（再次以「性經驗部署」為例）能完全地征服世界、瓦解反抗、挹注生活、最佳化、最大化（這種表達充斥在《性經驗史，卷一：知識的意志》裡），並且不會在「獲得勝利」後結束（這仍是克勞塞維茲的語氣，最多樣的政治與社會生命現象之策略取徑）。

　　在某種更大的標準下，傅柯也安排了某種文化、社會規範、集體管理的傳播模式，此模式與伊里亞斯（Norbert Elias）在《文明的進程》（Procès de la civilisation）的不同卷冊中所研究的模式相近。此一對照乃是必要的，尤其是當傅柯提到十九世紀性經驗部署的傳播時寫到：於是我們可以說「性經驗」部署藉由特權階級在最為複雜和頻繁的形式下被開發了出來，並在

整個社會中傳播。然而,並非到處都沿用相同形式和相同手段
(醫療與司法的決策機構所扮演的個別角色,在兩者中並非總
是相同,而在性經驗的醫療上也並非以相同方式運作)。

　　部署的擴張動力是經由連續的階層征服而產生的。部署的
特性在於提供可自由使用的諸多模式,然而,同樣地,部署也
從其分化及適應之無限的實踐能力中獲得其效力(例如,看看
我們社會裡的司法部署及醫療-精神醫學部署,這兩者間已建
立起了某種不斷地作為動力的恆常的再轉化的關係)。很明顯
地,藉由部署論點,傅柯所呈現出的是他對西方現代性的最主
要分析──伴隨著以下的重要特徵:無窮盡的擴張能力、無限
的可塑性及其組合。所以說,傅柯所設置的現代性觀測站不是
沒有道理的,因為它是在性經驗與權力的接縫上,在政治和慾
力(libidinal)的接縫上的布置(而不是在意識形態、精神法則
或經濟)中運作的。事實上,正是在此交會處,部署才獲得了
其能力,這可稱之為我們時代的鍊金術的能力──這在可塑性
與動力之間,在那使其成為實驗室,並為我們,當然也可能為
惡魔所建的這不斷進行實驗的領域。

---

* 〈傅柯的部署論〉,原篇名〈傅柯的「布置」觀念〉,曾發表於《文化研究》
　第六期增刊,2008年6月,頁230-240。

牧民與「動物生命」
Pastorat et « la vie bête »

　　本文來自於一個詫異：當傅柯將牧民權力（le pouvoir pastoral）定義為一個龐大形態時[1]，他總是專注且深入到基督教牧民的問題細部，而非從最初的牧民形態，亦即從牧民者的觀點、行動、引導行動的動機與原則出發（以顯現出他雙重尺度的「倫理」，他的主體性或可作為權力運作並完成主體化的各種樣態）。傅柯的牧民研究從來不關注母羊群，以及這樣的牧民對象與關係。母羊群是持續且唯一地被視為牧羊者管理所關懷的純正且單一的對象。換句話説，文學上的動物形象：作為「被治理」（gouverné）的要素或目的性的引導的羊群不會説話，一群群的母羊間也並無互動的能力，牧羊人的行動僅為了很單純與正當的理由。羊群的狀況僅停留在動物性的面向──一切宛如是在原始或最初的牧民權力中進行，由於沒有任

---

[1]　請參閱〈整體和獨一〉（Omnes et singulatim）、《規訓與懲罰》等著作。──作者註。

何形式的主體，沒有任何語言的管道，沒有任何發展反抗管理（contre-conduites）的能力出現在「羊群」這一邊，所以人們乃**形同動物一般**（à l'égal des animaux）被統治。我們甚至可以問，根據傅柯的牧民論述，牧民的關係是否就是統治者與被統治者間的關係。母羊群是「被管理的」，甚至超越了被治理的程度，而這都緣於傅柯所經常提出的統治者與被統治者的關係。但無論是何種形貌，傅柯都假設其間的互動與權力運行時某些必要的「使之作為」（faire faire），一方面配置一些管理，另一方面，則是展現出在被統治的一方存在真正的「反抗場域」（contre-champ）的反抗管理、抵抗、論說和行動等。

我在此綜合傅柯對牧民權力進行闡述的基礎與原則：起初，牧師是上帝與人們之間的聯繫。這是一個非常古老的結構，我們可以在亞述人（les Assyriens）、埃及人（les Egyptiens）、希伯來人（les Hébreux）社會，而非在古希臘的社會中找到。傅柯說，在這些文明中，上帝與祂的子民關係之定義，就如同牧羊人與羊群的關係。透過置換，這個上帝與其子民關係的牧民結構，在人類的導師——牧民者（guide, berger）與人群的關係中，成了某種權力模式。

傅柯針對這種權力形態的特徵強調：這種權力形態既非鎮壓的，也非威權的。牧羊人不攝政，其角色如同在一塊領土或城邦裡的希臘國王；牧羊人引導帶領著羊群，時時保持警戒，

看守羊群，不讓牠們誤入歧途或虛弱衰頹。這是一種照護的權力：牧羊人不「為他自己」而統治，恰恰相反，他的統治完全是「為了他人」，羊群與屬於這種模式的，不僅是全球的，也是個體的：他的所有都是為了照顧羊群。但根據那本非常著名的聖經之想像，牧羊人謹慎地看管著每隻動物，不讓他們走錯路，也不能讓他們身體衰弱，有時甚至為了尋回拯救一隻迷途的羔羊，牧羊人還得暫時置其他羊群於不顧。

傅柯對牧民最初形態的所有延伸都致力於那個我們可稱之為牧羊人工作手冊的描繪。羊群並沒有自己的存在：他「以牧民者的直接行動與立即出現而存在。」（〈整體和獨一〉）無論在〈整體和獨一〉或《規訓與懲罰》中，傅柯對這個龐大的權力形態在最初所作的全部描繪都著力於牧民者的形貌，他，就像個嚮導，帶領著他的羊群，保障羊群的安全，奉行恆常且個體化的仁慈照顧，理解到羊群既**在集合裡也在細節中**（dans l'ensemble et en détail）。傅柯同時也在這個形態所呈現的嶄新面貌上堅持說到：「歐洲大陸這一方，在古典時代末期所出現的社會裡，曾創造許多不同的政治樣態……，而這些政治樣態僅發展出一種獨特的權力技術，絕大多數的人們是成群的，而牧者卻僅僅是少許數人。」（〈整體和獨一〉）

這樣的一種牧民權力闡述了我的第二個詫異。

　　首先，相對於某些常識，傅柯在這兩個文本中對牧民權力的意涵有著頗多堅持——其個體化的特徵——某種**個體照護**（individuellement bienfaisant）權力。同樣令人驚訝的則是，「個別母羊」真正的個體性全然沒有被顧及。這個承擔與奉獻，如何能在沒有交流的狀況下展現呢？牧羊人與母羊的個體性又將如何產生互動呢？迷途羔羊、病弱綿羊、桀驁不馴的母羊與牧羊人之間又如何建立關係？缺乏語言，這個關係又如何能維持呢？牧者使羊群具有個性的「遊戲」，是否會局限在辨識身體上有某個特殊「問題」，行為不規矩的母羊呢？不建立一種特定的關係，又怎麼處理這個問題呢？關於這些，我們都並未能在傅柯的文本中發現。

　　其次，只要打開聖經（傅柯在這些文本中經常以聖經為參考），我們可以明確意識到「羊群」有某種專屬的「在場」，某種將自己給表現出來的能力，且正因羊群具備了這種能力，因而我們可將聖經中的羊群定義為為牧者照護的純粹對象。當然，如果我們以《出埃及記》（L'Exode）為例的話就會有問題；首先，希伯來人作為子民與上帝間的垂直關係，摩西（Moïse）自認在這段旅程中，他是被指派扮演上帝子民的委託人和中間人的如此可怕的角色。

　　傅柯所提出的「牧民結構」（structure pastorale）也正在於此，希伯來人的上帝妥善引導祂的子民們穿越沙漠，祂的現

身顯靈經常是看得見的，祂引導、展現、保證、並鼓勵勸勉祂的羊群們⋯⋯但是，與傅柯分析的例子相反，羊群也是人群：它同時顯出最好與最壞的部分，某種有著自己的運動的集體稟性，這些運動經常違反上帝之指示，而這個上帝則一絲不苟地透過摩西傳達指令。在出埃及的漫長旅途中，這群子民們經常發言表達他們的氣餒、憤怒、不耐、失望和挫折。他們抗議由摩西所傳遞的指令，他們懷疑、漂泊並遠離指揮。就此，我們可在希伯來人所崇拜的著名的《金牛犢》（le Veau d'or）的篇章中略見一二。

牧民的形態在此，在它的原始形態中，並非與一個不僅被定義為活生生，且被賦予真正主體性的群體不相容：法老（Pharaon）的奴隸們，希伯來人形成黑暗中人群的集合體，尚未鞏固與上帝的聖約，上帝將會讓他們獲得基督精髓——但他們並未約減至相當於啞口無言與不知懺悔的動物性，相反地，他們是誤入歧途且遭受虐待的子民，是人類。而他們的存在更不能被壓縮至摩西任務對他們的界定：作為上帝的子民（le Peuple de Dieu）。

傅柯在〈整體與獨一〉的文本中精細地對柏拉圖的《政治篇》（Le Politique）進行了分析，旨在呈現牧民權力的形態基本上相異於古希臘思想——這應該是柏拉圖《政治篇》之思想呈現。傅柯在此並隨時化解了牧羊人與統治人類的牧民者之形

態，以增強織布工的形象。傅柯提醒，柏拉圖的論證並非區分動物管理與人群管理，並使我們易於定義在城邦中所行使的權力形態——對柏拉圖而言，關鍵並非在於決定哪些種類可以形成群體，而在於分析**牧羊人的作為**（ce que fait le berger）。傅柯強調，我們可以說國王，是或不是，某一類的牧民者。

傅柯在此也凸顯了有關主體存在以及人類或動物群體布置上的「絕境」（impasse）。這個識別顯得不甚重要，對牧民形態最初形的分析**完全且毫無保留**地集中在牧羊人的角色與功能上，彷彿這個權力形態在主體與客體（活人）的單邊關係中，是行使在全然不對稱、不均衡的模式之上的。當然，這個形態在普遍的條件下會代表著一種很顯著的例外，例如傅柯在《知識的意志》（La Volonté de savoir）裡所提出的權力解析，其重點經常被放置於被統治者的自由與他們獲取權力的能力，以產生各種形式的反抗權力（contre-pouvoir）的這點上。在我們所研究的傅柯文本中，這個論點並未有任何答案。

而這種牧民權力也在《政治篇》一書中獲得了清楚的定義。傅柯說，牧羊人負完全責任的權力，他是羊群唯一的領導人，照護著這個群體的生命：他不但細心供給食物、照護健康、領導統御、協助再生產並讓牠們得到消遣休閒，而且是……一種完全的（totale）生命政治，當然是在這個字彙形成之前。然而，柏拉圖堅持，在希臘城邦中，多種的功能並非歸

於一個人（無論是我們所定義——國王或政治人物等），而是許多的主體——醫生、麵包師傅、農夫、樂師等。政治人物的任務並不是以牧民的角色，承擔所有維修、供養的功能，而是結合多元的性格，集結人們「在友誼與和諧的基礎上，形成一個共同體」（en une *communauté* qui repose sur la concorde et l'amitié），如一塊由不同顏色與材質所織成的布。非上帝也非牧羊人，政治人物負有保證**城邦大一統**（l'unité de la cité）的責任。

然而，對傅柯而言，真正有趣的是，一個全然的牧民者，作為對總體與群體生命的各個面向的承擔，似乎永遠不會比一個有著至高能力、深思熟慮的牧羊人，也就是所謂的上帝承擔更多的事物。傅柯說，希臘城邦排除了這個形式，因其人口眾多且乃是由數人領導。即使在假設的牧民者從東方空間轉換至最傑出的歐洲地表與政治空間——城邦——有關群體的主體性問題也並未提出。或者，該如何想像具如此多重領導的群眾統治者之可能性，如果群眾絲毫沒有參與，或沒有另一種呈現，一如受到善待或虐待的巨大動物（柏拉圖在《理想國》一書中對人類的比喻）之境況，而且如果群眾永遠啞口無言呢？

根據傅柯的分析，被統治者猶如沉默與無主體性的群體。群體並非「裸命」，而是自我變形且完全質變以利於某種戲劇性變化的「動物生命」（vie bête），我認為這很難解釋——

尤其是那些以接收或再顯現基督教牧民形式而產生的權力形式。說到底，權力行使宛如某種主體性；一個語言通路**走向群體**（venaient au troupeau）就變成了羊群的屬性。一旦基督教牧民的仙女棒一點，就使這個淵遠流長，來自久遠東方文明的權力形態改頭換面地現形了。但這個隱喻也出現了嚴重的矛盾：如果我們跟著傅柯一路探討，跟著他進入了「完全和個體的依賴關係」（relation de dépendance individuelle et complète）；在其中，個體與他的精神導師建立了「個人服從之聯繫」（lien de soumission personnelle）。完全的服從將達致論述之境並成為主體。事實上，基督教牧民的個體化形式假設牧羊人（神甫）並不以引導為樂，並編定了一些外在規範形式，使這樣的牧羊人進入某種主體性的空間——他要「知道群體中，每個成員靈魂深處的奧祕」（savoir ce qui se passe dans l'âme de chaque membre du troupeau）。而為了使這個引導羊群的新「畜牧神」（Pan）[2] 能安頓下來，便必須理解這些主體性（慾望、情感、思維、安排），同時，某些敘述也必須由這些主體自己安排配置。

　　這個轉折的樞紐即為天主教會所實施的某種雙重部署：良心的考驗與良心的終極目的——伴隨著這個樞紐的抒發就是懺悔（la confession）。坦承不諱將被安置在主體化部署的中心。

2　希臘神話中的畜牧神。

透過這樣一種呈現論述的部署，群體於焉浮現，而權力也在其中透過各式各樣的懺悔得以行使。如此獨一無二的部署既偉大又恐怖，在人類的文明史中幾乎找不到可與之對等比擬的了。群體不僅通向論述與變化多端的主體性形式——它還進入了一個「遊戲」空間，傅柯説，權力的機器完全建立了一個「奇怪的遊戲，其中的要素是生命，死亡、真實、遵從、個體和身分認同」。一個奇怪的組合將在牧民的基本先決條件中產生——群體是為了被引導（guidé）而存在。由此觀之，其被管理的意向（服從與順從）乃被刻畫於其本質中（inscrit dans sa nature）——基督教牧民，其特性是在引導者與被引導者的關係中，開闢一個反身性的空間和一個交換的劇場。某個「灰色地帶」（zone grise）在想要以最佳條件與牧民結構帶領羊群者的企圖之上被建立了起來——最主要的性質，上帝或人類的帶領者與被「帶領」的人或動物間的關係存在著某種強烈的不對稱——在從群體走向某種反身性，尤其是道德自反身性形式的過程中，如果不脫離牧民條件的話，各種的偏移運動都將成為可能。

傅柯的觀點是，正是在「使其活命」與「令其死亡」的這兩極間的某種模糊難以辨識的狀態建構了我們所稱為西方現代權力的特殊性——權力的行使從這個特殊性出發，權力「出現」在互相對立的形式中：權力不僅出現在帶領人群走向崩毀與滅絕的巨型災難現象上，同樣也出現在提升「主體」，達到

具有反身性的境況中，以拔除由來已久以至於無法記起的那種
無法自主的他律。

　　很明顯的，我們點到了要害，這種不確定的狀況或不明確
的部分即為當代生命政治的真義。事實上，這幾乎近似於柏拉
圖在《論政治》的文本中揭示的關於皇家織布工的例子：由一
名千面的神甫人員負責，但以協調、融合（如一種國家或社會
生活中內在的「神」般）人群生命中所有可能與可想像的面貌
的方式進行。顯而易見地，在我們所處的社會中，生命的救濟
供養並非各種差異與不同專業間各自的獨立行動，而是為了自
身的目的而行動所形成的合作關係，是一個總體性的機制，融
合且具差異性。而且，誠如傅柯在《知識的意志》中的表述，
現代社會這個**生命政治、生命權力**的形式是在成員所分享的價
值哲學上建立古典統治權或嫁接的社群理想，並壓抑了由多
種條件決定的已納入傳統的權力形態。因此，**前所未有的是**
（plus que jamais），統治者與被統治者之間的關係所顯現出的
乃是已被編入的巨大牧民形態，有關健康衛生與安全的問題
（針對身體的免疫與保健等問題）也不得不成為現代政府治理
人群的主要施政目標；而在其中，降低古典的政治生活並將衝
突制度化的形式更並非不具作用。在今日統治者的語彙中所大
量增生的乃是治安與醫學的影像，就是另一種由多種條件決定
的指標是所有合理性與所有政治的部署，再加上其他為適應遲
來的現代性之牧民形態的權力配置。

　　當代的牧民矛盾是：越是加緊腳步跟隨著全球化，「整合化」（intégralisation）的運動，就越出現更多由另一端而來的「逃逸」（fuit）。如果我們對傅柯的假設夠忠誠的話，那麼我們應可理解基督教的教義就是從這裡穿越的。主體進入了多種權力關係的空間；在他們與權力的關係建構過程中，留下了一片擦拭不去的印記。懺悔部署（le dispositif de la confession）正如在服從與建構一個「專屬空間」（內在質疑條件下的行動，猶如跨出自由的預備動作），在兩者間建立一種幾乎難以察覺的關係般運作。在當代生命政治的空間裡，懺悔部署也將以同樣的方式，使這個捉摸不定的循環成形：總體牧民越是擴展其支配版圖，改善支配技術並使其多樣化，就越是減少「客體化」（objectivation）群體的進程，同時，也降低了對群體的管理。來自不具名引導者的訊息越是繁多與差異，追溯既往的機會就越會巨幅地減少，並形成了某種論述空間。就此，我們可以發現，牧民管理乃出現在對立的陣營中。正如良心的考驗與懺悔的假設給予了有能力論述的基督徒一個空間，正如當代的生命政治中的紀律規範化已經不夠了：以擴充的方式進行，良好的生命政治「治理」（gouvernance）會提醒辨識被管理的主體，呼籲他們的責任感，召喚他們規畫未來的能力。從今以後，在治理上，對紀律的要求與布置，會少過對安全機制的部署與尋找贊同。

　　當「被管理」者都被提升為主體（要不，嚴格講是被**制度**

化了）之時，有些空間也獲得了開放。這些「逃逸線」（ligne
de fuite）持續顯現，脫離了牧民權力的首要條件。而在這些空
間裡，被管理者的論述能力也受到召喚，與其舉雙手贊成，他
們寧可起而反抗；與其去「理解」對他們所作的種種「說明解
釋」，他們寧可創造了自己的理由論據；與其成群結隊行走，
他們自行作鳥獸散。而且，他們根本無須進入公開抵抗的境
地，就變成了無法治理的人（ingouvernables）。由此觀之，政
治也回到了從前，復歸至最為「古典」的形態——這種分裂的
狀態已從政治的高層降下並表露在公共場所——**位於生命政治
的形式的核心**（au cœur même des formes biopolitiques）——這
是我們社會上最常見的現象：不久前，南韓才選上了保守色彩
鮮明的新總統，而一旦大幅開放美國牛肉進口，數萬南韓民眾
就毫不遲疑，立刻上街頭示威，抗議政治高層罔顧公共健康與
衛生當局的意見。

　　然而，與災難的論述相對，幾乎每天都有「政治已死」
（mort de la politique）的宣告，這類的宣告純粹是為了大量生
產以「馴養」（apprivoisement）為目的的科技，以馴化與奴
化人類群體。因此，必須對此進行大限度的翻轉。這樣的翻
轉，極可能在於察覺這種表面上如此粗暴，如此簡化，傅柯
將其定義為「基礎牧民」（pastorat fondamental）的東西。在
〈整體與獨一〉或《規訓與懲罰》中，傅柯闡述了神甫與信徒
之間的這種極端不對稱的關係，這種在引導者與被引導者間本

質上絕對的不均衡與差異。在所有的牧民形態中，所有的牧民權力與所有「細緻的」（sophistiqué）權力行使中，周而復始，永無止盡。這些都是構成的要素，不同於留下的痕跡與後遺症。由此觀之，相對於柏拉圖的敘述，我們必須牢記人類狀況與動物狀況間的異質性，或甚至應該說，在這點上，人類的身分（特質）以及人類欠缺動物特質的這點是恆定的。在所有牧民的形態中，無論遠古、現代或當代，人類的特質是完全集中在引導者這一邊的。然而，如果說，無論被引導者是動物還是人類，兩者畢竟差別不大的話，那很明顯的是因為在牧民關係裡，有一些重要的事情將人群引導至了動物性，至「動物生命」中（再次強調，在相反於漢娜・鄂蘭，而後再經阿岡本所重新檢視的裸命）。我們可以採用任何方式命名「某些事物」（quelque chose），而最簡單與明瞭的命名，無疑是包含著能喚起牧民形態，並絕對排除了所有原則或介於引導者與被引導者之間的所有擴大進程；這是在所有環境的管理知識，完全異質於被引導的知識，異質於引導者處於被引導者這一方的知識與理解，以便使被引導者得以成為**可引導的**（guidables）。在當代「治理」的政客語彙中，以其身分上的極端差異，介於引導者假設的才智與被引導者假設的才智乃是顯現在透過**教學**（pédagogique）典範所發展的引導者才智的論述進逼中：人類群體是個課業落後且散漫的班級（校園用語）；因此，必須以簡潔的語彙，不斷的解釋，使之明瞭而為**可引導的**。在被引導者所獲得的知識裡，他們從來不知道要與神甫地位相等，那是

千萬要不得的，而在警察社會裡，那也很明顯是不被期待的。
「政治」的教學法：一個有智慧的管理群體包含節制必要的知
識與資訊數量，致使他們能夠被管理。我再度強調，從醫學方
面得來的印象是非常具有說服力的：醫生只向病人說明可促使
他接受治療的一些重點，而避免向病患上一堂醫學院的課程。
再談到2008年10月撼動全球的金融危機，政治高層盡其所能地
僅向大眾提供「有用」且簡潔的資訊；且與其誠實說明真相，
不如設法安撫社會民心。對引導者而言，召喚被引導者陣營，
讓其持續具有**動物才智**（animaux intelligents）的辨識與判斷能
力才是重點。我們也稱這種動物才智為「動物生命」。換句話
說，基本上，生命只有在牧民的狀況下，只有在被引導的狀況
下才能具有某種形式。

正如我在本文的開頭所提到的，我認為傅柯的某種因疏忽
而造成的差錯，可能是他哲學上的盲點。換句話說，他經常陳
述著完全顛倒的意見。由此觀之，傅柯的觀點使我們想起現代
的生命政治是建立在長期以來，人類群體與動物群體間根本毫
無差別的這個基本狀況。

自從有人試圖說服我，作為生物，動物並沒有比我們少地
企及生命權（droit à la vie）時，我就開始有點懷疑了。從所
有政治人物們的重心最終還是走回保護並提升人們生活的那
一刻起，現代牧民的那不可言明的特點還是強勢地回來了：

只有生活在牧民社會裡的人才能得到保障。在無限變化無常的稱謂中，群體，首先便是這活生生的材料與形式（forme et matériau vivant avant tout）。

---

* 本文曾發表於《文化研究》第十一期〈生命政治、倫理與主體化：現代性問題專輯〉，2010年12月，頁116-124。
Pastorat et《la vie bête》, *Entre chiens et loups - philosophie et ordre des discours*, L'Harmattan, 2009.

安全的部署
Les dispositifs de sécurité

　　在此，我將提出一個清楚的假設：安全的部署已成了治理活人、生命權力和生命政治的支配性機制。「支配」（dominants）在此意味著最有效率和最能符合治理上的一般狀況，但這全然並非排他也非同質性的：一方面，這些安全的部署呈現在差異化的場域裡。另一方面，安全的部署也與其他的部署及傳統的紀律裝置結合。對於當代與現代社會對人民的**治理化過程**（gouvernementalisation），傅柯經常是堅持己見的。這個過程假設了治理的合理性形式與異質部署可作無限且多樣的結合。因此，安全機制時代來臨，各種部署、配置如雨後春筍般地蔓延擴充，不容許任何紀律及其重要性消失。而我認為，主權權力（pouvoir souverain）以及最傳統形式的主權權力之安全部署，也都不會消失。傅柯定義了這些部署，同時也對其建立了某種系譜學。傅柯已於1977年至1978年間，在法蘭西學院以「安全、領土、人口」為題所進行的演講中對上述的假設進行了發揮。

　　「安全、領土、人口」所呈現出的乃是傅柯所採取的研究觀點中的一種位移。如果我們將他這一系列的講課與兩篇他在幾年前所出版的著名文本《規訓與懲罰》、《知識的意志》放在一起看的話，就可看出其中存在的某種感性置換。傅柯所要突出的重點並非規訓的定義或權力的分析，而是「何謂治理？」（qu'est-ce que gouverner?）的這個問題。這個提問預設了對「治理」的論點的廣泛接受——當然是由王侯們治理各國，但同時也治理兒童，治理自身，治理靈魂……。這個位移會在某個相同的場所（topos），也就是生命政治、生命權力與人口的牧民治理的內部自我生產，如同現代社會治理著我們活人的一般形式。傅柯在法蘭西學院的第一堂課就開宗明義強調了他對生命權力所下的定義：生命權力，「是所有機制的集合；在人類空間裡，這個集合建構了生命科學的基本特徵，以期進入政治、政策、權力的一般性策略之內。」簡單地說，從這個一般性的定義出發，傅柯將提出某種全新的計畫，某種全新的看法：在我們所處的社會，「權力的一般性原理正流變為安全秩序」。在此，傅柯的反思也將因某個假設而往更寬廣的方向發展：安全－人口－治理，同時也包含了新概念的實驗：安全、人口、治理性、牧民、抵抗管理、反叛管理、反抗管理等部署或機制。更普遍的是，對治理的合理性湧現進行反思，遠比我們所想像的「自由」（libéral）類別的治理合理性的輪廓還要久遠——並非將自由主義的起源視為經濟系統，而是視為某種「大論述」（grand discours）。

　　談到「安全、領土、人口」的這三面動機，傅柯也對「繼續已開啟數年的權力機制之分析」的這件事深表贊同。因此在這個議題上並無斷裂：我們將對他在《知識的意志》中所介紹更新的權力持續進行分析。這個分析將與權力的所有論點對立；權力在我們將這個結構與其他結構、領域或客體——社會、人民、家庭、個體……進行聯繫前（avant）便如同一個分離的特殊結構、預先賦予的或存在的勢力被進行了定義。根據這個權力的「內在主義」（immanentiste）概念，它「並未建立在自身的基礎上，也並非從自身給予」。權力並非與生俱來，例如，它並不像主權（souveraineté）一般是來自於一個決定或奠基性的行動。恰恰相反，權力將以真實力量場域建制內的效應生產者之姿，將以在真實力量場域建制內的機制或部署運作，或是在一個多樣的關係中出現：主權、各種社會勢力、各種的論述、慾望、知識、裝置……。權力並非是某種在其中，論述和教令將使某個既定的空間中的所有政治和社會集合成形，並使之受框限的超大主體（un grand Sujet）。在力量場域的建構中，權力是純然內在的。在這個場域中的各種勢力將以論述、策略、**行為管理**（conduite des conduites）計畫之名成形。因此，所有的爭議論戰也就接踵而來了——重點在於將君主（le Souverain）及其律法罷黜為許許多多的超大主體和權力的行為者。

　　因此，這項對權力的分析永遠值得**參考**（en référence）。

從注定替當代社會的活人治理帶來最大效率的科技與知識結合的視角出發，我們也將依此對安全部署的特定性進行掌握。

　　大致說來，傅柯列舉了保障安全的三種模態——保障現代社會的表面安全是政府一般性技藝的主秀：
　　——為觸犯安全保障者制訂法律並確定刑罰（這是主權性的經濟，是絕對的君主制得以進行的方式）。
　　——制訂受規訓與矯正機制所框限的法律（這是規訓的模式）。
　　—— 最後，安置旨在安插某個現象的種種安全部署（疾病、某種社會偏差的形式，偷竊或例如某個「問題」，如學業不良，被記過退學等壞學生，「在一系列可能發生的事件內部」，換句話說，將其置於某種預見系統的狀況下）。

　　傅柯在講課中對上述的第三種模態特別感興趣。這裡所指的不僅是權力的**機制**，同時也是合理性形式。事實上，對傅柯而言，這些特殊的合理性形式一旦與規範內的進程連結後，往往都以實驗方式，將權力的部署付諸實行並貫徹到底。傅柯以**天花接種**（variolisation）作為例證揭示了這種模式。對他而言，這是最早期實驗安全機制的**實驗室**（laboratoires）。在此，精確是必要的，如同維內所言，傅柯的哲學可被視為某種激進的歷史主義。另外，傅柯也使勁凸顯了某種歷史主義者的觀點——那些他持續與時代、權力形式－類型（des formes de pouvoir-du genre）契合的研究工作，換句話説：主權政體（régime de souveraineté）將等同於絕對的君主制，規訓的黃金年代將等同於原始資本主義的累積時期等。事實上，傅柯不是在描繪相符於一段歷史時期的**權力的制度性形式**（formes de institutionnelles de pouvoir），而是一些配置，一些因治理者或管理的計畫與策略運用產生的實際裝備形式——這就是我們通稱的部署或機制。而這些實際裝備系統的特性，特別是針對人們所設置的安全系統，則要具備流動、可轉換與多變化的能力，並與其他的裝備或機制互相連結，甚或發生衝突。不可能在這些裝備系統間以既有的制度，或一個特定的時代製造巧合。傅柯因此會在這裡説：「有關規訓的種種機制，不是單純地從十八世紀才出現，這些機制早已顯見於司法－法律的符碼內部。安全的機制群也不是後來才出現的新現象，而是某種非常古老的機制。我因此可以反過來說，如果我們試著在當代發展如此的安全機制，則毫無疑問地，我們絕不會將司法－法律或規訓機制的結構放在一邊，甚或將之取消。」

　　我認為，傅柯對這個論題的研究，與他在同一時期對馬克思的研究，也就是阿圖塞所稱的過度決定（surdétermination）的概念十分接近。對傅柯而言，一個權力的總體部署，坦白講，不會取代另一個部署，也不會將之撤銷或抹除。在此，一個部署會「**過度決定**」另一個部署：在既有的地形學（時間－空間）裡，這個權力的總體將變成某種權力宰制的形態，以某

種方式使其他的部署屈從於它的各種狀況下，而又並未將其取消。這個權力的總體部署會與其他的部署連結，而我們也可能會在這個連結處發現某種理論的矩陣；這個矩陣可讓我們理解當代權力系統的複雜性，特別是所有屬於「控制社會」（société de contrôle）的範圍內的事務，而這個控制社會最大的問題便是對治理活人之單一形態，即控制的強調。但我們將談到的安全部署的屬性則正好相反。這種部署融合並連結了多種形態，且正是在這樣的狀況下，我們能將其視為某種不同種類的集合。而也正是在其所表現的狀況下，我們才得以對傅柯所謂的「安全」的這種全球性的賭注進行清楚區分，並將它與我們社會上所有的安全論述所使用的詞彙區分開來。

　　我們即將在此正式進入主題。傅柯指出，安全機制的專屬特性乃是去預設某種完全特殊的**常態化**（normalisation）類型。法律在此將編列某種常規（norme），賦予司法機器以固定的形式，以監督安全機制的執行。規訓的常態化，是由比例均等的正常（le normal）與不正常（l'anormal）所組成的——正常的部分是那些能符合規範的，不正常的則為無法符合的。因此，在規訓的空間中，坦白講，所謂的**規範化**（normation，與既定的規範一致）比常態化還要多。安全的部署是另一種成形中的常態化形象。傅柯指出，一些東西就此置於「法律系統之下，在空白處，甚至可能是位於相反方向」。在所有的安全部署中，傅柯以天花接種為例，認為這正

是個千真萬確的「類比模式」（modèle analogique）。他提醒我們，天花是在那個時代，在他認知的範圍內最具傳染力的疾病，而我們也從那個年代起，也就是十八世紀開始實驗天花接種。天花傳染性之強與規模之大，乃由當時法國或英國的新生兒有2/3感染天花的事實所顯現，其死亡率為1/8。除此之外，天花的密集傳染所造成的人類死亡，也牢牢地銘刻於歷史記載裡，至今仍為人類歷史上的重大災難之一。從1720年起，英國開始實施天花接種，1800年起即有牛痘疫苗。牛痘接種顛覆了人們面對傳染病與其他地方性疾病時習慣的適應進程。傳統的進程以隔離、驅逐，或將病患關起來的方式作為遏止疾病傳染或進一步擴散的手段。而這個顛覆的原則很單純：我們以接種牛痘，在人體內經由緩解形式（forme atténuée）激發天花，以達到保護人體對抗疾病猛烈入侵的效果。因此，這個倒置的步驟在於「利用人工接種所激起的輕微疾病」以「預防天花可能帶來的其他侵襲」。傅柯說，從這裡開始，我們便有了某種「典型的安全機制」。而傅柯要做的便是從十八世紀都市空間中所實施的原始生命政治的管理類型，甚或是十八世紀下半葉處理穀物欠收與隨之而起的混亂中重新發現這個特徵，這種「典型的」（typique）手法。

　　由此可見，所謂的創新不僅是所出現的新技術，而是由某種新的合理性模式所組成的──並非為了遏阻負面現象或不計一切代價阻止不規律的現象產生，相反地，是讓現象

「順其自然」（laisser jouer）發生，且讓這些所謂的負面現象有適度的擴展空間，並刻意以人為方式激發，以便對其進行**疏導**（canaliser）**和控制**。而其中最為重要的便是納入規律化（régularisation），或我們可稱之為「常態化」的論點，其作用便在於遏止天花所造成的8個小孩中就有1人喪命的災難，以便使該時期尖峰的致病率能在各種統計上降到最低。這並非要將天花這個傳染病徹底根除，因為那是個不切實際的目標。重點要從天花蔓延乃是真實的某個元素的這個想法出發，針對傳染的現象著手，以便使天花喪失災難、不穩定與社會動盪等特質。也就是說必須從現象著手，以這樣一種可回過頭與自己對抗的方法，而後在這一場自己打自己的完美較勁中，使這個混亂、不規律的現象削弱潰敗。

因此，我們便在此看到了某種生命治理的形式中可付諸實行的「模式」。我們可以發現，運用權力的形式，在統治者與被統治者間建立某種特殊的關係或某種牧民的模式的這個範例如今又出現了。各種用權力機制對抗公共健康及公共秩序的種種「問題」，如毒品使用、酗酒、菸癮、交通事故意外等，另外，還有其他的問題留待日後詳敘。空前的合理性形式在以新的部署出現時就已假設了對於某種新知識的挪用。因此，對抗天花便獲得了那個時代各種工具的種種協助，今後的疫苗接種將以或然率計算。我們不但可運用這些統計工具，將此疾病引至量化現象，也可由此找出頭緒，訂出**規律**（régularités），

並運用這些規律加強對抗天花這個被視為災難的疾病。傅柯說，我們就是依這個狀況學習「標指某個問題之所在」的；天花在此如同一個問題，一個我們必須找到最為有效的解決方法的問題。在這樣的狀況下標指一個問題便意味著必須判定哪些具**發病風險**（riques de morbidité），哪些又具**死亡風險**（risques de mortalité），其依據為：年齡、住處、職業等。風險觀念的浮現在此具有重大意義；這樣的觀念不但允許開展出**分化的**（différenciées）研究取徑，更清楚地界定了災難——我們將會發現有些地區的風險（感染疾病）較為嚴重，因此我們便可針對其間的特殊性（particularités）與殊異性（disparités）展開工作。而當從普遍走向個別的步驟完成時，我們便可以依每個**個案**（cas）展開研究分析以建立所謂的規律性。藉此，我們也將依地方、場所、狀況計算致病率，最後從諸多平均值而非從各種指示中，得至某種「正常」的觀點——一個「正常」的致病率與「正常」的死亡率，再由此準確地作業，以期減輕現象，而非使其完全消失。

　　有意思的是，這些安全的機制乃在某種一般的**場所**上被進行了試驗琢磨。統治者掌控著權力宰制，也就是傅柯所稱的權力的「主要」形式。諸如城市秩序、荒年與傳染病等嚴峻考驗的浮現也使安全的部署產生了主權力的目標轉移。自馬基維利（Machiavel）以來，傳統上，主權力攸關君王在其領土內的安全。由此，一塊領土之國土完整性（staticité）與至高權力的行

使間乃發生了某種本質性的聯繫。而在此也出現了某種新的行動者，即人口。與這個新的行動者產生關聯的新連結為：主權力、流通、人口等。傅柯在此也注意到了街道的交通順暢（同時包含公共場所治安的良好流通），麥粒（城市的糧食）充足與疾病感染得以控制的這三個現象間都存在著某個共同點，即它們都是圍繞在**流通**（circulation）的問題之上的這點。君主從今以後也必須因應新的挑戰：今後，主權者的要務便在於保持領土的完整性與保證有利的流通管道，並對抗所有帶來危害的散布流傳。傅柯說：「順其自然任其流傳，過濾好的與壞的，讓他不斷流動，但要有方法，俾使存在的危險在流通中消除。」在權力行使與統治規畫中，這裡也出現了某個重要的轉折點：從今以後，主權力的行使不再以保障君王在其國土境內的安全為主，而是落在了對人口，也就是那些受他統治的人的進行安全保障的工作上。這裡也顯示出了某種一般意義上的安全主題。如果我們企圖在安全問題上採取不著邊際的吹噓與譁眾取寵的話，這個主題在今天便仍具重要地位：它不再是為了鞏固權威中心而抵擋內憂外患，而是關注於特定人口是否生活在安全的普遍狀況之下的問題。這其中當然也有對治安情況的關注（公共秩序，「公民安全」）同時在環境衛生、健康、食物、氣候、環境等領域之安全的普遍狀況中出現。安全，在今天是個全面性的制度與永久的保證、保護、免疫，甚至已臻活人的收容（sanctuarisation），以對抗對人口可能招致的潛在風險與危險。或我們應該說，安全在此成了治理人們所指定的目

標，而這個目標也一直是多多少少都能有效的達成的統治者的
地平線。

　　在這個場所中，我們也將清楚看到，主權力的面向即便並
未消失，也逐漸被這種治理的新經濟吸收（absorbée）而以新
的面貌出現。在這種新的經濟中，被治理的人們與統治者的關
係不再是被治理者絕對服從於統治者的關係，而是在一個特定
的時空裡，由統治者（具延伸意義）使勁引導、掌控的複雜機
制所產生的運作。藉此，主權者也得以帶領集體致力降低那突
發的混亂與不規律性（無法治理的部分），而無須徹底轉換既
有之現實。這種轉向安全的活人治理形式在此也立刻被安置在
某種相對性中，並藉此排除了對現實進行重建或對活人進行
重鑄之假設，而這也就是傅柯視其為原始自由主義的（proto-
libérale）治理模具的理由。

　　我希望能在此呈現我們社會中各種外形迥然相異的安全部
署，這些安全部署都屬於傅柯所描繪的模具。我要呈現出這些
安全部署究竟是如何以規律性部署（dispositifs régulateurs）的
方式運作於災難與重大風險的當口。作為掌握與制伏災難風險
的部署，對這些機制的主要功能進行掌控正可避免各種疑難，
例如，那些圍繞在政府官員有沒有能力處理公共事務上的辯
論。事實上，這些機制的效率高低，並不是因治理主體的合法
性能力之高低，與所針對的特定人群的權力行使之難易來決定

的。相反地，這些機制的效率高低是依附在某種統治行動、管理與調節執行等多樣化的組合上。在此，多樣化的主體與客體很明顯是位於**無法治理**的領域中——各種因素的集合，這些因素互相作用，將會產生某種調節效果，緩和突如其來的混亂；而其反應也正如安全機制，並藉此進入了對活人進行治理的場域（主要意義在於能將可預見的元素納入考量）。

我在此先舉兩個例子，1990年代發生在法國的兩個「大」風險，兩個截然不同的事件——愛滋病的流行與民族陣線（Le Front National）勢力的抬頭。

第一個例子是我認為藉此得以啟動安全機制的範例。它所造成的現象是中斷了一個極大的災難，具備最古典特色的純粹災難（同性戀瘟疫、滅種和大屠殺）。這個災難雖不能被摘除，但疫情卻可以在數年內被控制、被規範；且在消除了那無法掌控的災難性格後，獲得了某種仍需長期抗戰的疾病身分。在法國，對愛滋病蔓延現象承擔開銷與負責醫治責任的並非規訓的，而是建立在**組合**（combinaison）合理的圖像，是建立在迥然相異的權力技術與知識落實之上的：衛生政策要求主體擔負起的責任多於約束或壓制；密集與長期的研究計畫以我們所身處社會自我控制的平均度直接施加在人們所共同關注的事務之上。由此觀之，一個安全機制的特性正在於其組合了可治理與不可治理的面向。在此情況下，審慎的政策並不是將愛滋病

患者烙印，而是負擔並追蹤其醫療狀況。在毒品的問題上，並
非監禁吸毒者，而是提供足夠的消毒針管。另一方面，在一些
計算與可預見的範圍內，個體們不斷增加的「順從，對管理
者而言，只是保護管理的「最大附著力」（une « plus grande
adhésion »）。這也意味著，必須提升識別的方法，以面對具
感染力的流行病帶給廣大人口的挑戰。從統治合理性與權力技
術觀之，安全部署的實施棄絕了古老的「排除」（exclusion）
與「隔離」（mise à l'écart）圖式，同時與傳統上權威當局
（人口亦然）面對麻瘋病（lèpre）或鼠疫（la peste）的做法區
分開來。而這也正是安全機制的問題，正如法國社會學家莫侯
（Delphine Moreau）所說，安全機制實施的程序並不包括「將
病患與常人區分開來，而是在面對流行病時，將風險一併納入
反應，並借力使力……並非禁止或管制實際應用，而是將必要
的預防元素導入實際應用中」。我們從愛滋病的類型中可看
出，安全機制的部署在主觀化風險與重大混亂模式中進行了某
些特定的操作：這個部署一方面預設會出現某種類型的個體，
某種能計算、預防並指向緩和病情的個體；而另一方面則是具
共同主體性，且有能力發展特殊抵抗策略，或大力推展要為
自己行為負責的愛滋病帶原者群體，如愛滋病團體（Act Up）
……。由這個觀點切入，這些安全部署常具有「精緻」的牧民
形式。這已不僅是綿羊順從牧人的命令，感受到牧人對羊群的
管理，而是統治者與被統治者之間的種種互動。沒有這些互
動，安全的機制便行不通。

　　而在1990年代，法國極右派的民族陣線勢力不斷增強，直到2002年達到「顛峰」，然後開始減弱，直到近幾年走下坡的現象則是另一個備受爭議的議題。民族陣線在法國的社會與政治上是個敏感的議題，而我要闡述的論點也肯定會令「正義之士」（un « verteaux »）咬牙切齒……我認為，事實上，這完全不是古典政治遊戲的狀況，即敵對勢力處於對立狀態，而各股勢力的強弱建立在對峙局面上的那種狀況。自從2002年以來，政治災難的毒性開始出現了「減弱」的趨勢，而在之前的十年間，極右派仇外政黨則勢力抬頭。換另一種說法，這並不是由「反法西斯」、「反種族歧視」陣營所組成的力量，且使勒彭現象（le phénomène Le Pen）急遽減退的並非對反論述、反種族歧視、人道主義、和進步主義等言論的散布，我是從前次總統大選，勒彭在第一輪選舉的得票率低於10%的結果所得到的論點。民族陣線的得票率大跌並非輸在「理念戰鬥」（bataille des idées），也並非民族陣線在選舉這種直接拼搏中敗陣下來一事──並非敗陣，而是毒性的轉移。這場戰役並沒有決定勝負的戰術，既非意識形態（或論述）亦非街頭造勢鼓動群眾，而是在2002年5月壓下民族陣線氣燄的強大力量中獲得了轉機。坦白講，我不認為這有什麼值得驕傲之處。鋪天蓋地而來的「反法西斯」情感從四面八方匯流，這股情緒征服了廣大的選民，而在5月初第二輪投票時，無論左右派，大多數的選民都將票投給了席哈克（Jacques Chirac），他其實是很蒼白的「反法西斯」代言人，但席哈克卻能在第二輪投票時，獲

得了超過80%的超高得票率。

　　民族陣線從高峰跌至谷底，其過程迅速且毫無政治危機或斷裂的這點令許多人感到不解或無法理解為何這個法國極右派政黨的威脅現象那麼快就消失了。其實，原因很簡單：多數人對1930年代法西斯興起後所帶來的人類浩劫記憶猶存，自然會將勒彭崛起與上個世紀二次大戰期間的法西斯主義相提並論，擔心歷史重演。勒彭是個煽動力強的演說家，在聽眾聚集的政治場合，他的演講很能鼓動群眾的情緒，這個在阿爾及利亞獨立戰爭時擔任法國傘兵的民族陣線領導人，會讓人對他的政黨之本質與策略產生錯覺：民族陣線是個民粹主義的機器，煽動力強，圍繞在仇外、反智、反傳統國會至上主義的基礎上，集合了那些受到各種經濟「危機」衝擊，感覺被遺棄的人。它根本不是一個準備推翻民主制度的新法西斯政黨。而那些受到勒彭現象驚嚇的人則完全忽略了一個持續性的存在，那就是介於勒彭所代表的極右派與推展另一種右派——因此而讓出身多數黨的薩科奇（Nicolas Sarkozy）以「借用」民族陣線的政見而得以當選總統。大多數的政治分析家們都搞錯了一件事，他們多數以為很清楚民族陣線這個黨的策略與領導人的言論——基本上，所有的疑慮都能被安全機制的效率所消除（如同絕大多數西歐國家一樣）。如同每個人所觀察到的，在勒彭與那些對他同仇敵愾者之間所上演的「對決」，在這個長達一年的政治遊戲中，法國的政治不斷結晶，讓右派保守的「共和派」

（républicaine）與新自由主義派撈到好處，同時也粉碎了左派政府。

　　對勒彭現象以及兩次世界大戰中發生在西歐與中歐的政治災難的種種比較都有其局限：1920至1930年代有其特徵，那個年代，無論國家、政府體制與政治機器層級或社會生活都缺乏安全機制，其效應是只要將一個混亂栓在螺旋狀的失常中，就會製造出大災難。而勒彭所展現的正好是其對反，他（或奧地利的海德〔Haider〕、義大利的波希〔Bossi〕）都以新的面貌出現，他們的表現，説穿了，就像代議民主政治發了一陣花粉熱，而這也正是安全機制的安置、部署在直接可見到的陣營外的運作，如同愛滋病的案例，組成因素與元素在其中共同運作：制度化的機制（選舉制度阻止了「極端」政黨大量進入國會），如2002年法國總統大選的選舉制度中有一種隱含的調節規則，它可以阻卻難以修復的錯誤，而法國的重要媒體也如同一種所謂的「道德矯正」（correction morale）般，表現出了某種對於政治制度的蔑視與厭棄。因此，儘管民族陣線在選舉時出現了勢力成長的傾向，重要媒體卻仍禁止公開支持這個仇外的政黨，而其他右派政黨在核算合理的政治利益後，也拒絕與民族陣線長期或策略聯盟。上述的種種現象在2002年的大恐慌後將連結在一起；而更早之前，勒彭現象就已帶來隱憂，對此，有些人不免自問：是否應在事情還沒發展到不可逆轉之前就先解決這隻「野獸」（« la bête »）？一次又一次的選舉雖

然沒有讓民族陣線這個政黨消失，卻重新賦予了其「負面」形
象。但事實上，沒有這種政黨，就沒有當代的民主政治。

　　在我們的社會中，安全部署的運作看起來好像很順暢有
效，且植根於政治與社會生活的深層，看起來很難拔除。儘管
我們錯誤的觀點，我們由於無知或疏忽所產生的錯誤分析，我
們那古怪的魔幻政治，我們那些誤用的創痛記憶等層出不窮地
浮現，但這些安全部署還是能提供減輕風險、調節事務，且在
治理活人方面，提供了主要的保證：它鞏固了事物的連續性和
人群的完整性。安全部署與支配裝置的持續運作不但保證了其
他事務，也保證了治理者與被治理者間的動態關係。

---

* 　Les dispositifs de sécurité, *Entre chiens et loups - philosophie et ordre des discours,*
　　L'Harmattan, 2009.

《規訓與懲罰》，三十年後
Surveiller et punir trente ans après

　　在《規訓與懲罰》出版三十年之後，我們到底有多少進展呢？這裡的我們指的是關注監獄的我們。換句話說，傅柯這部針對監獄的偉大著作，已經成了我們研究監獄的「聖經」，而糾纏著我們的這一連串實務或理論分析，究竟能帶給今日的刑罰懲戒制度多少啟發呢？傅柯思想的強度，對監獄問題的精準掌握，正是我們研究現今的監獄問題所不能缺少的，而如今重新運用傅柯學說的我們，在盡量避免受到忠誠度或傅柯教義的左右時，又需要什麼樣的尺度呢？《規訓與懲罰》的出版已超過了三十年，然而，我不是歷史學家，所以便很少問道：這三十年來法國的監獄到底改變多少？我反而比較多進行的提問是，在傅柯對法國獄政制度所提出的問題性模式中，我們還能繼續辨識出些什麼呢？而就此，我們又該如何提出解除獄政問題的方向與途徑呢？

　　由於時間關係，而且我認為在這其中最值得研究的是，現

今稱之為批評反思和再歸屬運動（mouvements de réaffiliation）的議題。首先，我想透過對規訓的反思進行探討。在有關全景敞視監獄的最後一章裡，傅柯將監獄制度呈現為為了規訓權力最密集的凝結點：「在監獄的斗室裡，與監獄中的強制勞動、各種規訓與標記的要求、正常化的最高指導原則、法官的功能等連結所達成的效果及成為刑罰的現代器具，對此，又有什麼好驚訝的呢？」傅柯以此判定在同質性的規訓世界中存在著某種專斷的公式，某種等同於現代權力指標的公式。傅柯在此天馬行空地說：「如果監獄與工廠、學校、軍營和醫院很像，而這些機構場所也與監獄相似（ressemble）的話，又有什麼好大驚小怪的呢？」這乃是個經常被人引述的結論。

　　而在這個公式中引人關注的乃是某種非限定的現在（présent indéfini）之使用。這個所謂的「相似」提供了我們一個圖像，它當然參照了這些不同的機構目前所呈現的類型與主體──既是十九世紀的主要的現象──同時也存在於二十一世紀，並且還會持續存在；現代權力可以被描繪為與規訓與常態化的權力所持續的時間一樣長，而規訓與常態化的權力是以相對於其他形式，特別是主權所涉及的形式樣態而出現的。而我認為就是這一點在今天最值得探討。幾年前，我在《終結監獄》（*Pour en finir avec la prison*）一書中就已提出，作為某種引人注目的制度的獨特性的監獄乃是介於如同學校所扮演的引導學生走向常態化，以及醫院所扮演的修復者的這兩個角色之

間，甚至，這個所謂「世界的另一邊」的監獄在所有的意義與特定部署的保存上都指向著與主權的重要的明確關聯。我特別強調效率，西方現代社會中的效能，**吸納**（l'inclusion）的特殊部署與一般性動力的效能在此和獄政制度特有的動力形成了對比；監獄系統的能量極為充沛，行政指令在此也無止盡地大量傳導，以對抗某些社會群體或特定的政治對象。我將對《終結監獄》這本書未能深入的部分作更進一步的解釋，並繞個遠路，從另一個制度，即精神病院的角度進行思考。會以精神病院為題，那是因為在幾年前，我讀了不久前辭世的精神科醫生湯奇維茲（Stanislas Tomkiewicz）的回憶錄《被搶走的青春》（*L'Adolesence volée*）[1]。湯奇維茲從某種職業信仰開始談起：「我所研究的對象是青春期的年輕人，因為人家搶走了我的青春期。」他以這種含蓄的幽默解釋他那被搶走的青少年時期：「我的青春期飄盪在華沙猶太人社區（ghetto）的紅牆與勃根—貝爾森（Bergen-Belsen）的鐵絲網圍牆間，太不尋常了。當我感到童年結束時，我所居住的城市上空已砲聲隆隆，當我想要親吻擁抱女孩時，納粹軍隊已踏上了街，我們只能倉皇逃命。」

湯奇維茲的醫學志業因而也與他這被「搶走」（volée）的青春的特殊性緊緊相連。由於在猶太人社區與集中營的試煉

1　法國Hachette Littérature出版社，Pluriel書系，1999年版。——作者註。

下他並沒有受到過多的苦難，所以他並不認為自己是個遭受命運折磨的男孩，反而慶幸自己的運氣不錯（這些都是他的説法）。因此，他自覺有必要造福他人，以回報老天爺送給他的運氣。抱著這樣的信念，他選擇學醫。湯奇維茲在巴黎的撒佩提耶（Salpétrière）療養院學醫；作為一位年輕的醫學院學生，他滿懷抱負，立志要成為精神醫學界的名醫。學習階段的所見所聞帶給他很大的啟發，他寫道：「首度接觸成年人精神病理學只帶給我痛苦的回憶……我又看到了一位老婦人的影像，這位老婦人鎮日坐在椅子上，她已被關在精神病院三十年，原因是她曾寫過一封情書給她父親的朋友，對方是個知名的學者。如此的悲劇讓人想起卡密兒・克勞岱（Camille Claudel）的故事。以今日的精神科醫師的角度觀之，這位老婦人當時的狀況是處在一個輕微精神混亂的顛峰，而她也因此而一輩子被關在精神病院裡，家人不但棄之不顧，到後來，甚至連精神科醫師也忘了她的存在。我聽過一位得了憂鬱症與厭食症的啞巴，他死於醫院強迫灌食時插錯了管，臨終前，啞巴對著醫護人員痛苦地吐出恐怖的字眼：『你們謀殺我！』這些經驗讓我很難還能夠有成為精神科醫師的願望。」（頁76）湯奇維茲還作出了其他有關治療的見證：「克里斯多福醫師坐在沙發上，他的身邊圍繞了十多個學生，滿面紅光，使他看起來更像個四肢結實、手腳毛茸茸、脖子又粗又短的肉鋪老闆。一名女孩被帶到了他的面前，女孩僅穿著襯衫，光著下半身，頭髮凌亂不整；那是歇斯底里症出名的年代，這些症狀在1960年代

就受到了控制。克里斯多福醫生讓這個女孩躺下來，對她說：『你要發作了。』但事實上，這個女孩並沒有發作。此時，精神醫師巴賓斯基（Babinski）的儀式開始了：緊壓眼球與卵巢，前一個將壓力輸入大腦，另一個將力道輸入子宮——歇斯底里的總部，在詞源學上，我們已很清楚地拆解了歇斯底里這個字。克里斯多福醫生從沙發上站起來，他那一百多公斤的身子沉坐在女病患身上，然後將雙拳使勁地壓在她的卵巢部位。他還不時要求身邊的學生協助，幫忙加把勁緊壓女孩的眼睛：要讓一個歇斯底里患者脫位，兩個人同時施壓會更有效。過了一會，這名女病患就像見了鬼似的開始狂嚎尖叫，然後全身痙攣不停地顫抖抽蓄。醫生見狀鬆開雙手，並對她說：『看吧，這就是癔病（pitiatisme）與暗示性感受（suggestibilité）。現在就讓妳看看我們要怎麼治療這種發作。』他讓這名女病患繼續抽蓄了幾分鐘，然後以嚴厲的口吻下令：『好了，賤貨，馬上給我停下來。』可是，女孩仍繼續抽蓄，因此他又繼續將兩個拳頭用力壓在女孩的卵巢上，另一個人則繼續緊壓她的兩個眼球，治療師繼續說：『你還不停止發作嗎？』於是女孩終於停下來了。由此證明這種治療是有效的。

「這就是精神病學所賜予我們的樣本，人們終究會理解，我那時候對於治療法的諸多猶豫。」（頁78）

這就是建構湯奇維茲在精神醫療體制內叛逆態度的動力。當他完成學業進入精神醫學體系成為精神醫院醫生後，許多相

關的社團經常要求他談論他在猶太人社區或集中營內的所見所聞，與他在精神醫學體制內所遭遇的影像與場景：骨瘦如柴，身體暴力（電擊），被監禁的身體（用腳鐐鍊住），被遺棄的身體，衰竭的「回教徒」（musulmans）[2] 等。湯奇維茲在書中敘述了一名女病患因錯誤的診斷而喪命的往事，他說：「我們把她當成集中營裡的囚犯對待，一直到她死為止。我要在此強調：一個無辜的女孩，因為主治醫師不了解她的病徵，所以把她當成了歇斯底里症對待。」

對湯奇維茲來說，這就是後來構成「不可寬容」這個主題的動機──這個極為傅柯式的動機。湯奇維茲的例子充滿了能量與動力，一股強過改革，幾近造反的能量直接扎根於青春期的恐怖視覺，並將之引導至精神病院中「被遺棄的一方」，引導至多重障礙的青少年（當年稱之為「腦障礙」〔encéphalopathes〕），並將他與傳統的高貴舉止重新連結：如皮內爾[3]、艾斯基羅爾[4]、伊塔[5] 等人的做法──解開對孩子

2　根據作者的解釋，這是二次大戰期間納粹集中營的俚語，意指羸弱枯絕奄奄一息的身體，而為何稱之為回教徒，作者也無從得知。

3　皮內爾（Philippe Pinel, 1745-1826），法國精神醫師，他提倡對精神病患採人性化治療，除去他們的腳鐐。皮內爾是法國第一個鑑定精神疾病的醫師，他的研究與作為，對歐洲與美國的精神醫學與精神醫療影響極大。法國大革命後，皮內爾撼動了傳統對瘋子（精神病患）的看法，指出他們乃是能夠被理解與治療的，皮內爾倡導「道德療法」，他走在現代精神醫學的前端。

4　艾斯基羅爾（Jean-Etienne Esquirol, 1772-1840）被公認為法國精神病院之父，

們的束縛，跟他們談話，將所謂的問題孩童送至接待家庭，簡言之，就是把他們當人看。湯奇維茲特別敘述這方面的經歷，那是1950至1960年代，他在巴黎以北的近郊城鎮拉荷庸（La Roche Guyon）的多重障礙兒童中心工作的經驗。值得我們關注的是，一個因蒙昧主義（obscurantismes）與暴力而變得特別沉重的制度，依然能在某些環境中展現出它的可塑性。這個制度從內部承受著醫生粗暴的行為所帶來的那種不可寬容的感受，由外部觀之，那種長久以來，甚至到昨天仍被最高當局所認可的蒙昧醫療與野蠻性格，突然被攤在陽光下檢視。湯奇維茲提醒道：「1968年後，歇斯底里脫位法（la luxation des hystérique）變成了令人無法接受的粗暴行為，這種不正當的治療遭到醫界全面拒絕，然而，歇斯底里症卻沒有消失，對於那些抗拒著醫生強烈治癒意志的女性們，我們有權利愛怎麼治療就怎麼治療。歇斯底里症的觀念也沒有消失。因此，我們繼續對大部分的精神厭食症貼上歇斯底里症的標籤，由此可見，直到今日，我們對精神厭食症的治療依然錯誤。」（頁82）作者一再提醒我們，法國的精神醫學是多麼的幼稚。

他深入發展並延續皮內爾的精神醫學，致力於推動精神病院的誕生，在他的奔走下，法國於1838年由各省投票通過立法，成立了精神病的專門醫院。

5　伊塔（Jean Marc Gaspard Itard, 1774-1838）這位十九世紀的法國醫生專門研究自閉症與特殊教育，他因教育叢林中的「野孩子」亞維宏的維克多（Victor de l'Aveyron）而聞名。伊塔是耳鼻喉科醫學的先鋒，法國耳科學校的創辦人，同時也是法國兒童精神醫學的創始人。

1950年代，有位米修老師（Pr Michaux），他的數名學生曾指控一些成年人對他們的性暴力，但對這位教師而言，說謊癖（mythomanie）與兒童的自然天性共存，他認為所謂的性暴力等都是這些孩子所編造的故事，因此，每次都斷然地駁斥這些兒童的指控。

　　看到一個先驗（a priori）僵硬的制度如何展現出自我改革、自我轉換（並非所有的精神病患都應住院，接受心理治療、精神科、放棄長期住院制度……）的能力的這件事很有意思。因為那些願意為其職務負責的人，例如湯奇維茲就是個完美的典型，在他們所開啟的抵抗陣線或所推展的反叛運動的效應下，這個僵硬的體制終將展現出自我改革與自我轉換的能力。

　　進步的觀念即使有許多的欠缺，精神病院作業上的**進步**（progrès）仍具有安定人心的意義。閱讀湯奇維茲的著作，我們應可同意**實踐的人性化**（l'humanisation des pratiques）的這個現代的偉大動機所能產生的實用效果、能動力，甚至是轉換能力，包括像精神病院這樣的體制，這個大家都一致認定它的功能已經到了窒息邊緣，或將會爆開的體制，而且，還是個傳出各種醜聞的醫院。湯奇維茲在這本書中數度提及，半個世紀前，部分法國精神醫學界的大老渾身上下都充滿著令人從背脊冷起的重大迷信（並以暴力相隨），而這個觀察之所以可能乃

是因為我們有衡量今日與當時制度間差距的可能性。回過頭來看看我們的羊群，我認為這個「總算具可塑性」的體制即是那些受到強制的現代制度，那些同時作為承擔基本規訓角色的制度。為了能繼續扮演這些角色，這些制度必須不斷地轉變，適應新狀況與要求，增加新的規則等。從這個角度切入，學校同樣也是個出色的實驗場所，是各種轉變與持續性辯證的感光片。然而，西歐國家的軍隊無疑也是個出色的規訓制度，軍隊制度的演進同樣依循我根據湯奇維茲的經驗所作的描繪，特別是一些強烈的感知與揭發種種「不可寬容之事」（學長欺負學弟妹、羞辱、刁難捉弄新兵……）。

　　因此，我想在此提出一個假設，即在所有大型的規訓制度中，監獄基本上是唯一能避開這個原則的。因此，傅柯所謂的「相似」——這個我們已充分理解的動機位於十九世紀，而如今施行一般規訓的原則或指令的描述都較為完整，或者多少受到約束，而成為某種「解離」（dissemble）了。但傅柯並沒有對這種獨特的現象無動於衷，他說：「監獄是不合時代的，是過時的，同時也與系統深深連結，至少法國的監獄都很僵固，與瑞典或荷蘭的制度大相徑庭；在這些國家，監獄的功能都完全與令人放心的功能相互協調，不再經由古老形式的舊式學校或精神病院，而是透過相對柔軟的制度，也就是我們在法國所稱的『精神醫學部』對精神醫學、醫療管制、心理學與精神分析所進行的看管。在這樣的狀況下，人們以擴散的方式被陳

列。這都是同樣的功能。監獄與系統互相協調,除了刑罰系統外,還並未找到間接迂迴與柔軟的形式,而這些形式在教學法、精神醫學與社會的總體規訓上都已經找到了。」[6]

　　在許許多多的規訓體制中,監獄是唯一具有維持生命及可清楚識別的**慣性**(l'inertie)演化原則的體制。湯奇維茲的「典範」(paradigme)顯示,為了讓不可寬容的感受能在體制內產生效應,由行動者帶入的這點乃是很恰當的。對他們而言,首先,這種感覺與他們自身的那些具衝擊性的實際經驗息息相關。其次,這些行動者處於體制內產生轉換效應的位置。我們至少可以這麼說,在獄政體制內,像這樣的行動者根本不存在。相反地,獄政體制內存在著一個根本的阻礙,而使得它的功能無法有效運行,並阻礙了人性化實踐的納入,阻礙了制度調整轉換的精神,而這種精神正是旨在減少受刑人的痛苦,或讓他們的日子好過些。這裡所呈現的是以特定模式去對待某些人的特殊性的方式:它並非舒緩病患的痛苦,亦非照護瘋子,甚或教導孩童、養成新人等,而是**懲罰**罪犯。獄政空間一如往常地什麼都沒變,在改革事實上的堅持(如引進電視,大量使用精神藥物)仍與一個制度的去野蠻化(dé-barbarisation,我根本不說「人性化」)完全異質,在這個制度中,湯奇維茲是證人也是行動者,正是他解開了多重障礙孩童的束縛,並

6　請參閱(《言與文》〔*Dits et Ecrits*〕),第二冊。——作者註。

開始與他們談話，甚或我們可以就此列舉教育體制中，體罰從公立學校空間中消失的現象為例。在廢除死刑後，於監獄出現的新部署並沒有凸顯去暴力化與人性化的制度，而僅呈現出了對被監禁身體的一種簡單的演進，使受刑人口平靜化（tranquillisation）的新進程。當湯奇維茲說某個孩童有權接受治療，作為人而非社會寄生蟲的療護時，包含著「牧民」的動力也正進行運作。面對監獄制度，我們永遠綁手綁腳，由受刑人，作為被監禁的罪犯去對抗由國家與公眾（尼采語）所行使的復仇行動，分類學上已經牢牢烙印著，受刑人基本上是失去尊嚴的人（違犯者），而非作為「具人性的個人」（personne humaine，漢娜·鄂蘭語）。

　　就此來說，監獄無庸置疑地將以成長的方式呈現。它比較不像實驗室或所有規訓的交集，反而比較像個儲藏庫。它所呈現的不僅是規訓的形貌；在其中，大部分的制度看似以多樣的方式自我遠離（軍隊，根據規訓黃金年齡的人體比率標準，軍營已不再「鍛鍊」年輕的身軀，也不再培養「男子漢」了），而更是一種權力的形貌。在監獄這張看板上，大部分當代人道與司法的研究解決監獄問題的方法都被搞混了，人們誤認為——由於它的持續性、空間、僵硬嚴厲的規訓形式，或者更確切的說，規訓的暴力等，監獄應被視為「古板的」、「落後的」舊制度，而如今，它已被我們的社會中其他重要的制度空間驅逐了。事實上，這乃是因無知或疏忽而產生差錯的研究方

法並未以同樣的慣性對所有制度「文化」中的蒙昧和僵固死板
進行清楚辨識所造成的（例如：大熱天裡，在悶熱難受的看守
所會面中，拒絕讓會面人攜帶瓶裝水消暑解渴的權利）。但
這其實是個百分之百**基本的政治特點**（trait fondamentalement
politique），換句話說，這是某種「專斷」、「命令」和出色
制度的暴力慣習，而正是它將監獄定義為為了某種**展示主權的
機器**（une machine d'exhibition de la souveraineté）。從這點上
來看，我們應可更靠近傅柯的研究方法，在不少傅柯的文本
（特別是《知識的意志》和《規訓與懲罰》）所屢次闡述的這
種特異歷史學研究的各種規訓的思辨，及其研究方法所要求我
們進入的一段時光（一個時期或一個時代）中，權力主要乃是
從主權出發，以規則和規訓的方式進行運作的。或者，我們社
會中的監獄制度所呈現的永遠是一條孤寂的道路，也就是說，
在更執著於**免疫**（immunitaires）動機的社會裡，現代權力的價
值，總是著重在讓社會以更安全的方式運行。在一個**懲罰的慾
望**（désir de punir）是如此尋常地分享於廣大輿論與政治人物
所發表的政見中時，對主權而言，監獄經常是重要的問題所
在。許許多多的人物與事件在在都增強了法國的監獄的能見
度：釋放巴朋[7]而不釋放「直接行動」（Action directe）[8]團體

7　巴朋（Maurice Papon, 1910-2007）曾擔任巴黎警察局長、預算部長等政府重
　　要職務。巴朋於1942至1944年間，擔任德國占領區內的吉龍河省政府秘
　　書長，涉及運送法國的猶太人至納粹集中營，從1981年起被起訴，法國的
　　法院於1998年處巴朋違反人道罪，但巴朋在入獄前潛逃至瑞士被捕，2002

的重要成員梅妮恭，未事先徵得同意便抽取受刑人的DNA，
關監十六歲的未成年人，各個監獄規範不一，令人難以遵循
等──所有這些現象都具有某種無法估量的**展示價值**（valeur
d'exposition）。在監獄的空間裡，由於「專斷」、命令和既成
事實（fait accompli）等快速增生繁殖的習慣，而形成了將身體
賦予諸多現代權力規訓的「另一個面向」，或將身體賦予現代
性牧民的「另一個面貌」：一個如同健康公共衛生體系，著重
於監護、保險、輔助，且少見歧視發生的面向和面貌。另一個
則如監獄體系，不能放棄這個淵遠流長的合法化樣態，這個樣
態有許多例外的規範性使用。在監獄空間所進行的身體扣押，
因各種的欠缺、匱乏、苦難與空間擁擠而產生了損傷毀壞，延
續了身心苦痛，同時也讓監獄成為一個大劇場，呈現了某種**永
恆證明**（démonstration permanente）的價值。監獄以實行殘酷
的隔離──因為已不能再對身體施以酷刑，便在其**憤怒中展示
著**（exposant à sa colère）至高主權對所選定的違法者，展示
著至高主權握有維持秩序的能力。

　　「社會學上的沉重」（pesanteurs sociologiques）──監獄
空間狹窄，過於擁擠、混亂不堪等並非監獄成為政治問題的主

　　年，92歲的巴朋獲保外就醫，2007年逝世。
8　「直接行動」乃是脫胎自西班牙反法朗基政權的無政府激進團體，這個團
　　體於1979至1989年間進行了約八十起的爆炸案與謀殺案。梅妮恭（Nathalie
　　Ménigon）為該暴力團體重要成員，因數起謀殺罪被判重刑。

要因素，真正使得監獄成為政治鬥爭的空間是其作為呈現主權的可見性部署之使用。主權如今要讓人看得見，透過安全、懲罰、報復、招攬的手段——由於欠缺始終一貫、實行良好生命政治治理的知識，生命政治的治理只有在緊急時刻才被召喚（溽暑高溫所帶來的老年人的大量死亡、輸血所造成的染毒血液等），所有主權的這種「骨董」元素都會不停地回返，使我們必須重新學習進行偵測，從傅柯所描繪的紀律的現代性部署，從部署的再建構之下偵測起。

鄙民、政治與事件
Plèbe, politique et événement

　　在傅柯所帶給我們的諸多具煽動性的言論中，有這麼一句話是這麼說的：學習將政治問題與國家問題分開來看。換句話說，這意味著多練習觀看那政治成形之處；在其中，種種匯聚的事件被打開了一道開口，並掀起了一股對抗那不可寬容的力量。在這個突破事件的開口中，權力運作的機器突然卡住不動了。因此，在這個缺口上便產生了種種位移，種種主體行動並得以掀開先前狀況的某種空虛的位移。在此，傅柯也協助我們理解到，馬克思主義的論斷在哪個關鍵點上束縛了我們對國家政治進行研究的方法——無論是國家的征服、殖民或解構面向的研究。傅柯鼓勵我們從歷史辯證，從進步與歷史主義，從作為所有政治馬克思主義主要象徵的拜物化－普羅大眾（le prolétariat）等這些使我們對政治的理解能力重新受到束縛和諸多的政治鎖鏈中掙脫出來。

　　傅柯並未提出某種政治行動的「重新變革理論」（théorie

de rechange），他僅單單打開了他的「工具箱」。我們在其中
找到了一些關鍵字，即鄙民、不可寬容、反抗、權力、事件。
這些關鍵字有兩個面向，一個是對西方現代社會的歷史敘事進
行規畫的可能性，這些西方的現代社會都逃過了虛假的替代方
案──國家歷史或有著美好結局的革命歷史的制約。另一個則
是提出某種政治行動方法的可能性，這個政治行動將可徹底
擺脫建立於馴服所有代議制、議會與政黨政治之上的種種狀
況。傅柯是個罕見的「場所」（lieux）；我們從他出發，在議
會式民主衰微之際便得以規畫某種對政治的更新或補救。這
個政治的新型部署並不具新馬克思主義者所提倡的「替代」
（Alternative）的迷思，或與前者立場相近的多個組織（例
如：Attac[1]）、另類全球主義（altermondialisme）之迷思。這
毋寧是一種對所有不可忍受的事件的無盡反抗。在面對暴力
時，這種反抗不會退縮，但會朝另外的路途（有別於權力當局
所指引的道路）前進，或對得以釋放社會階級分化的這「最
後抗爭」的決定性時刻進行辨識。這裡所呈現出的乃是傅柯的
研究究竟如何可能為現代政治的一般性評論所用一事──傅柯

---

1 「課徵交易稅協會」（Association pour la taxation des transactions，簡稱
　Attac），由法國極左派成立的活動力極強的團體。目前它在許多國家皆成
　立了支會，只要是國際經濟高峰會的場合就會出現這股反對力量。其宗旨
　為促進全球金融與商品的異質性、捍衛貧窮國家的利益、平衡南北經濟差
　距等。其主張還包括了全球公民可充分地行使其生活與生命權，建立積極
　民主，其行動方法為匯集社會運動，特別是反全球化運動的方式開展。

的「第三類型」（troisième topique）著作（《規訓與懲罰》、《知識的意志》……） 對政治來說很明顯地具有某種明確與強化的作用 。

而在重新思考政治的這點上，傅柯提出的第一個「煽動性言論」就是「鄙民」的概念。在處於不再能以馬克思革命理論進行反國家政治（對人群行牧民管理）的激進批判的背景下，鄙民這個觀念將以對政治的理解能力進行重新部署的姿態出現。傅柯有關鄙民的前提包括：從某種反社會學式的觀點來看，重點在於勾勒出這「某種東西」（quelque chose）；這「在社會、階級、團體及個體中以某種方式避開權力關係的這並非柔順或後退的物質，這離心運動，這倒置的能量，這避開之物。『鄙民』毫無疑問地並不存在，但卻有『來自鄙民的』（de la plèbè）的種種事物。」[2]

只有當我們討論傅柯的權力觀念並將這些論點提出來參考時，它們才有意義。傅柯對權力的重新定義較著墨於散布、網狀結構、交換、流通、機器與部署，而較少著重於「占有」（appropriation）的議題、分離與集中的形式（傅柯將權力的問題縮減了至國家權力）。也許我們可以說，只要「權力向前

2　請參閱〈監獄調查：打破沉默的鐵窗〉（Enquête sur les prisons: brisons les barreaux du silence），《言與文》（Dits et Ecrits），第 2 冊，頁 176。——作者註。

推進」而產生脫離、反抗、脫逃或對峙的運動時，就會有「來自鄙民的」或鄙民的效應。而當這些開口或逃逸線被畫出時，它們也將打開某種懸置權力的邏輯。它們打亂或懸置了「權力網絡」的效率，它們都是**權力遊戲中不可化約的元素**；在其中，鄙民乃是個重要的指標，例如，當監獄的受刑人起而反抗時。我們再拿傅柯舉過的例子說明：1961年10月17日，為抗議權力當局強迫性的宵禁，住在巴黎郊區的數千名阿爾及利亞人（Algériens）走上巴黎街頭抗議。就此，他們也因而成了巴黎警察鎮壓的對象。無論從歷史或社會意義上，上街頭抗爭的阿爾及利亞人，這群缺乏實體（substance）的鄙民，相對於權力，將以「倒錯」或「極限」的姿態現身。因此，我們從而也不能在任何一個歷史主題上賦予其地位，但其行動卻又持續地在正常事務上塗上記號。作為不斷湧現變數的鄙民根據所處的環境產生了多樣的效應，即中斷、置換和震懾的效應，其面貌與現身的方式都是無限地多樣的。根據秩序的邏輯，鄙民總會被定義為廢棄物、無法歸類、無法納入，甚至是齷齪下流之物（l'infâme）。有關前述阿爾及利亞人的示威抗議活動，傅柯曾在1972年如此說：「幾乎沒有人再談論1961年10月17日由阿爾及利亞人所組成的那場抗議遊行了。就在那幾天，警察在街上殺害示威群眾，並將他們推下塞納河溺斃，受害者有二百多人。相反地，我們卻每天都在談論1962年2月8日，造成九人死亡的反『祕密軍事組織』（Organisation Armée Secrète，簡稱l'OAS）[3]的夏洪（Charonne）抗爭[4]。」[5]

　　在此，傅柯以激進且充滿對立的話語吸引了我們的注意。在現代社會中，人民（peuple）的政治觀點與鄙民的政治觀點間基本上是存在尖銳的對立的。人民是政治與歷史的實體，因為它有管道進入敘事與記憶，它是**納入的行動自身**（l'inscription même）。在夏洪的警察罪行中，從1962年2月起，許多的紀念活動、示威遊行、書籍、文章、大理石紀念碑等都標示著這段歷史，並對受害者進行著永久的紀念。表面上，這些受害者被歸為了某一群人民（un peuple）──共產黨員、反殖民主義者。但事實上，在這九名死者背後所清楚顯示的乃是一群可被描述與看得見的人民，他們不但被其所屬的團體所塑造，被他們的工會或政黨的領導階層所結構，也被過去與最近的英雄烈士所代表[6]。

───────────

3　「祕密軍事組織」成立於1961年2月11日，是法國的地下政治－軍事組織，被歸類為法國的極右派陣營，在阿爾及利亞獨立戰爭後仍極力宣稱阿爾及利亞屬於法國。

4　夏洪抗爭乃是1962年2月8日，由法國共產黨發起，左派團體聲援，在巴黎所舉行的反對阿爾及利亞戰爭的示威遊行。由於事態敏感，遊行被禁，但示威者仍持續進行抗爭。當時的巴黎市警察局長巴朋經內政部長與戴高樂總理同意下令警察鎮壓，示威群眾四散，有些便躲到了巴黎市的夏洪地鐵站，其中有九人因警察的暴力行動死亡，多人受傷，史稱「夏洪事件」。

5　請參閱〈監獄調查：打破沉默的鐵窗〉，《言與文》（Dits et Ecrits），第2冊，頁176。──作者註。

6　我並非要在這裡提出這段著名事件的歷史或這個在最近幾十年裡被逐漸淡忘的問題。我所要強調的是敘事方式與一個被建構的群體，其集體經驗、記憶與這個群體長久存在的印記間的關係。──作者註。

　　與夏洪事件形成對比的是，1961年10月的那個夜晚被警察
鎮壓殺害的「大眾」（masse）都是身分無法辨識的無名氏。
他們並未留下任何痕跡。在這個意義上，明確地説，這群大眾
就是「鄙民」，重點並非因為他們是群體受害者，而是他們的
所作所為和他們在當時所遭遇的全都將歷經某種**消逝的狀況**
（condition de disparition）。直到今天，受害者的姓名從未出
現在任何的紀念碑上，相關的警方檔案仍難以獲悉，現場的證
人不但少之又少，且受害的人數更是難以查清。就此，官方的
統計也難以取信，至今仍爭論不休。多數受害者的遺體不但不
見蹤影，且正如警察局裡的相關檔案一般，根本難以尋獲[7]。
其中的一個非常強烈的對比便是集結鄙民並反抗權力暴力（針
對阿爾及利亞人的強制宵禁）的能量在此所產生的對秩序邏輯
進行阻斷的強力效應（住在巴黎郊區各處臨時搭建的克難小屋
的阿爾及利亞人在此也挑戰了警方的命令，並抵抗著不停的威
脅恫嚇）。如此**立即的**（immédiate）能力和這起在歷史上前
所未有地被遺忘的事件，和這四十年後仍未處理的補償問題間
形成了某種非常強烈的對比。在這個意義下，鄙民的行動不但
與事件相連，也瓦解了警治的邏輯，同時更展現出了鄙民的溫

7　透過許許多多學術、文化與社會團體的奔走呼籲，巴黎市政府乃藉1961年
　　10月17日事件40週年的紀念活動，在巴黎市中心橫跨塞納河的聖米榭橋
　　（Pont Saint-Michel）的某端進行了鑲牌紀念。然而，這塊小銅板上的紀念文
　　不但內容含糊，更是迴避了巴黎市警察局與政治權威當局對這起國家罪行
　　進行籌畫的責任。——作者註。

和冷靜，如同1961年10月17日一般。或者恰恰好相反，鄙民的
行動是為了展現憤怒、反叛、武裝、縱火或暴動，如同十八世
紀常發生的民眾情緒反彈或十九世紀的騷亂暴動一樣。1789年
7月14日，那些「大發雷霆的」工匠和市井小民才正要從普通
老百姓開始跨出革命性的人民的第一步，便立刻因事件的環環
相扣而投入了運動的浪潮。事件一個接一個如滾雪球般百分之
百地形成了某種鄙民式的混亂暴力。而鄙民的運動在此也如同
革命的序曲般巧妙地結合了人民－國家（peuple-nation）的國
慶紀念日。這樣的事件就如同時間的純粹斷裂般，乃是某種前
所未見的純粹造反。較之於人民來說，鄙民與事件的關係則更
為接近。

　　人民因其記憶、傳統、「獲得的事物」（acquis）、在不
同組織裡的身分和某些獨立的網絡而與國家綁在了一起。相
反地，由於缺乏真正的實體，鄙民則是場合（l'occasion）的產
物，他們的群聚乃是為了終結某個狀況、濫權或引發憤怒的事
件，或為了對抗其所憎恨的敵人。鄙民會進行分散並重新組
合，永遠多變；在其中，豐富的抗爭與戰鬥和具體的情感將會
滲透到行動中的主體化運動。而群眾的能量則會被各個組織所
接收——政黨、工會與社團協會——其功能便是對民眾與事件
進行區隔。鄙民乃是一股力量，它們會不斷進行重組以反抗
（contre）鎮壓性的權力邏輯和警治。鄙民所進行的乃是某種
對權力的規定分配進行拆解（désassignation）的運動，而使得

原本建立的情況失效或遭致破壞。

　　所以說，在傅柯那裡，我們乃看到了某種近似於**鄙民的循環**（cercle de la plèbe）的東西。在某種程度上，鄙民可被視為秩序的產物或現代權力秩序的某種發明，例如獄政制度是某些特定「種類」，那些**無可救藥的人**，或今日的那些「高危險的受刑人」（détenus à risque）的製造廠，而這些社會秩序「廢物」（déchet）的存在正好賦予了鎮壓與控制部署某種合法性。如果罪行、非法、不安全、不文明，甚至鄙民的效應或上述種種恆定的標籤都沒有了，　那麼我們也就不需要警察了：「如果我們接受那些穿制服或有權攜帶武器，檢查我們的證件的人在我們之間活動的話……那又怎麼可能沒有犯罪呢？而如果報紙不是每天向我們渲染著罪犯有多可怕有多危險的話，那又怎麼可能沒有犯罪呢？」[8]

　　傅柯強調，另一方面，在資本主義社會中，鄙民乃占據了某種策略性的地位。因為鄙民能量的存在，使得統治者可在民眾或普勞大眾間不斷地重複挑撥**劃分**（coupure），並離間群眾使他們相互爭鬥。挑撥離間乃是為了削弱群眾的能量，這股能量通常會強烈地轉向某種對秩序、宰制和警治的不滿。對

8　請參閱〈監獄問題訪談：這本書與他的方法〉（Entretien sur la prison: le livre et sa méthode），《言與文》（Dits et Ecrits），第2冊，頁740。——作者註。

此，傅柯曾說：「無論有沒有道理，自1789、1848和1870年起，資本主義所害怕的畢竟是動盪和暴亂：那些人帶著刀槍走上街頭，他們隨時都會付諸暴力行動。」[9]人民（或普勞）與鄙民或盜賊（pègre）間的劃分在此乃透過了警察的某些行動而不斷地進行著延續更新（例如，人民組織以「勤奮的工作者」向小偷和搶匪宣戰，甚至不惜與今日的合法勞工與「黑工」站在對立面），最後更在鄙民的暴力與「奉公守法的」人民間製造了某種負面的連結，並用於所有的暴力現象，特別是政治、煽動鬧事和叛亂的暴力。

但真正消除資產階級的其實並非革命的策略與美好的未來——這種冗長的論述與耐心的等待總是不斷地期盼明天會更好——而是鄙民能進入今日或明日的騷動狀況，並對權力關係進行「脫逃」的能力，這個能力在政治與公共生活的「別處」「另外地」打開了一扇窗，而使得政府官員將它們視為「無政府主義者」（這些政府官員愚蠢地將之視同為動盪混亂）。資產階級所害怕的就是這些由鄙民揭竿起義所帶來的不可預見性，以及所有由動盪帶來的不規律性，凡此種種皆帶來了對規訓、生產，和規律運行的制度化的種種破壞。因此，宰制階級便會盡力地在革命的普勞階級間激起某種對鄙民運動的恆定厭惡和憎恨；宰制階級使用著這樣的語言：「這些人隨時會轉過

9　請參閱《言與文》（*Dits et Ecrits*），頁316。——作者註。

頭來對你們動刀動槍，跟這種人結盟，對你們絕對不利！」[10]
他們將不斷地對工人階級和工人運動進行制度化和合法化，並
以此和鄙民（他們稱這些鄙民為具暴力本質者）進行對抗，隨
時將兩者區隔開來：

「這些流動的人民……不停地走上街頭，製造混亂騷動。
對刑罰制度而言，這些人不但都是作為負面教材的狂熱分子，
且所有我們在法律與道德上對偷竊和暴力所作的指控，所有老
師對普勞階級和正面議題所進行的諄諄教誨和道德教育，司法
卻以負面的角度看待。因此，斷裂便不斷地被重新複製且不斷
地被導入普勞階級與非普勞階級之間。因為，人們認為兩者之
間的接觸正是使暴動產生的危險因素。」[11]

傅柯在此的觀點並非僅是分析與觀察式的。傅柯對普勞與
非普勞間的分裂所採取的乃是權力關係的背叛，秩序或宰制的
邏輯與「計謀」（ruses）抵抗的觀點。由此角度觀之，很明
顯的，普勞階級在這項分隔他們與鄙民的行動中乃是那些**受騙
上當的傢伙**。改革主義與契約（普勞階級以放棄他們的暴力和
能力的方式換取「尊重」）吹起了希望的號角（傅柯在此再度

10 同上。——作者註。
11 同上。——作者註。

連結了索雷爾[12]）。而其中這策略性謀畫的問題便在於，要了解普勞階級的力量（la puissance; potentia）如何能再次扣住鄙民的能量與主動性，而非使兩者區隔和疏遠：

「當我談到這個問題時，是要讓普勞階級清楚地看到，人們所加諸於他們的司法制度之上的其實是某種權力的工具。而這是為了要讓普勞階級了解，他們與鄙民的**結盟**不僅只是一天兩天的事，而是在一個完全沒有鄙民意識形態的普勞階級，與一群完全沒有普勞階級的社會實務經驗的鄙民間的某種從此緊密相連的邂逅。」[13]

傅柯所費心思考的「結盟」並不等同於政黨或從一個階級到另一個階級之間的那種有著共同目標而長遠發展的長、短期策略結盟。這並非對革命與暴動間的重新邂逅進行見證，而毋寧是場廣大的人民遷移或普勞階級大遷移的整體性運動，某種遠離那將使廣大的人民成為國家及其論述的囚徒的密集網絡的運動。在不斷地朝外側移動的狀況下，這個「界線」、既存權

---

12 索雷爾（Georges Sorel，1847-1922），法國當代哲學家與社會學家，是法國主要的馬克思主義引介者之一。索雷爾的哲學與社會學研究深受馬克思、普魯東和柏格森等人的影響，其於1908年所出版的《省思暴力，進步的幻象》（Réflexions sur la violence, Les illusions du Progrès）一書是二十世紀初期法國工運與革命理論的重要著作。

13 請參閱《言與文》，頁316。──作者註。

力關係的逃逸點（point de fuite）、如此大規模的疏離、不和解與離心的運動都將與我們社會中的那警治和被管理的論述基礎產生聯繫，而這也正是班雅明（Walter Benjamin）提及的那作為現狀的無邊無際的災難性因素：

「我提個問題：如果大眾被邊緣化了呢？換句話説，如果很明顯的是年輕的普勞階級拒絕了普勞的意識形態呢？大眾可能大眾化，也可能被邊緣化；與我們所期待的相反，出現在法庭上的並非失業者。年輕的工人們這麼説：為什麼我要一輩子汗流浹背只為了賺個基本工資的月薪，而⋯⋯就在這個時候，被邊緣化的正是大眾。」[14]

事實上，傅柯此處的陳述並不具任何「計畫」（即某種政治或政治哲學）的價值。從建立種種**新的稟性**（nouvelles dispositions）的角度觀之，這所具有的應是某種刺激性的價值；在其中，這些新布局可被視為某種激進政治的樣式。對此，傅柯所提出的建議是，我們應較少地以勢力儲存、累積和征服的觀點，而較多地以解放、疏離、脫鉤、瓦解和權力關係在其中受到局限的「邊緣」地帶的能力的角度來看待政治。當然，傅柯比任何人都清楚，某種在權力關係之外的純潔立場其實並不存在：實際的情況是一股力量形成以抵抗另一股力量，

---

14 同上。——作者註。

而這兩股力量所建立的乃是某種新的關係與權力新形態的具
體化——這正是革命組織的典範，且正是這些組織在今天成
了回收威權模式的可怕機器。例如「監獄資訊團體」（GIP）就
是個很好的例子，它具有從鄙民的角度置換政治行動並識破那
得以重組傳統權力關係的既有形式陷阱的功能。「監獄資訊團
體」本身便是一個交會和辯論的場所，一個讓政治團體（極左
派團體）和文化界（知識分子）進行交流和交會的場所，一個
修復了鄙民與人民的那無法避免的斷裂的場所。對於許多來自
「68學運」的人來說，監獄資訊團體照理應以支援監獄中的運
動人士為宗旨，應呼籲獄中運動人士的政治身分，並與一般的
受刑人的共同權利相區隔；例如，他們對獄政體制的要求所採
用的是第二次世界大戰時共產黨員的標準，當時入監的反抗軍
要與其他罪犯分開，他們嚴峻地斥責納粹征服者（occupants）
與貝當偽政權（collaborateurs）的宣傳，因為後者宣稱共產黨
反抗軍為「匪徒」（bandits）或「恐怖分子」（terroristes）
——換句話說，是來自鄙民的（並就此身分來說是可徹底消滅
的）。

　　相反地，監獄資訊團體所關心的問題並非「監獄裡的政治
體制，而是監獄體制」。在此，傅柯拒絕區隔人民與鄙民——
所有的受刑人、所有的狀況和所有受刑人的家庭等都涵括在監
獄資訊團體關心的議題中。這個決定政治行動的「觀點」的置
換自然會與「進步主義者」的理解形成某種硬碰硬的態勢。在

進步主義者的計畫（在資訊的意義下，這種計畫就如同某種政治領域）中，人民與鄙民可進行共享——法國共產黨、法國工會聯合會（C. G. T）等傳統工人運動的組織團體皆為其範例。尤其，這種介於「普勞」政治與「鄙民」政治間的對立乃被行動的方法與形式給劃了開來：對傅柯而言，監獄資訊團體提出了另一種政治的可能性，它拒絕了階序結構、仕紳豪門規範與群體之間的相互模仿：

「監獄資訊團體沒有任何實質的組織和領導人，它所發起的乃是種匿名的運動，只有GIP這三個字母存在。每個人都可暢所欲言，而並非因他的頭銜或姓名而發言；在其中，人們之所以發言是因為他有話要說。監獄資訊團體唯一的口令是：受刑人發言。」[15]

而這其實也正是鄙民的特性，非形式、原生、游牧，或依行動場所變換位置的。當有人問傅柯，監獄資訊團體在什麼情況下可說是個團體，監獄資訊團體是否是某種「有機的組成」（constitution organique）時，他的答覆很明確：「完全沒有，那是個開會的場所，團體並未被建立……」這所顯見的乃是某種匿名的慾望（矛盾的是，監獄資訊團體其實集合了許多

---

15 請參閱〈大監禁〉（le grand enfermement），《言與文》（Dits et Ecrits），第2冊，頁296。——作者註。

文學界與學術界的知名人士）。鄙民的特性正是他們的那不確定的姓名與臉孔；它們時而相互改變、時而若隱若現——意即總是與那些嚴謹地認同其領導人、英雄或烈士的形式化的（formel）民眾相反。換言之，在傅柯致力於定義另一種政治的可能性的年代中，列寧（léniniste）模式在極左派的陣營裡仍居主導性地位——即對軍事、規訓和層級組織感到不屑並進行挑戰的模式；極左派反對列寧模式在1970年代對激進的政治文化造成的影響，同時也反對代議政治（使政黨遵循國家與國家主義之條件的政治），並孕育了自由思想的經驗：反威權（「沒有領袖，沒有指令」）、人人平等（「自由發言權」）和分子式的（moléculaire）（沒有組織）。

　　就算形式化的極左派至今仍未承認他們的皈依，但自從傅柯提倡這些「煽動言論」後，形式化的極左派中的列寧模式就土崩瓦解，並很快地轉向代議政治的路途了。此後，傅柯的提議便越來越清晰地指向了許許多多的實踐、行動和行動者。換句話說，便是以一個新的激進政治基調來拒絕政治儀式，那些將我們重新帶回議會政治及其重要象徵（民主）的政治儀式。而我們每個人其實都已經很明顯地看到代議民主的衰退了，不是嗎？

　　西歐社會中生活政治（超出代議政治）的問題：無居留證者（sans-papiers）、尋求政治庇護者、長期失業者、

郊區（banlieues）國宅的年輕人、無固定收入的演出者
（intermittents du spectacle）、愛滋病患、被遺棄者等不都已
逐漸擴大並結晶到出現了鄙民式的行動者以及鄙民行動的關鍵
了嗎？因此，戰鬥的畫布已徹頭徹尾地全然改變了：從「終極
考驗」（l'épreuve finale）的觀點看來，不再有許許多多後設主
體所掌控的單一鬥爭陣線，或針對大型主題的戰鬥（普勞階級
對抗資產階級，由他們各自的政黨所「代表」的戰鬥）了；取
而代之的是一個多樣且分散的戰場；在此，堡壘不但到處林
立，不再集中，且抵擋反抗也在剎那間爆發，反抗行動要不如
曇花一現，要不如長期抗戰。

　　在這些迅速繁殖增生的抵抗行動中，那些只看到實體消
失，看到宰制配件一個個失去作用與力量的人就是無法理解，
其實是時代的轉變把我們牢牢地拴住了：這點的重要性一點都
不會少於從克勞塞維茲[16]式的政治體制走向高密度且繁殖迅速
的體制的過渡（階級戰爭的諷刺在此也對國家進行了戲謔模仿
——在民族戰爭的顛峰總是出現了某場大型戰役，即所謂的關
鍵戰役，但至少在我們所處的空間中，從沒有這種所謂的大型
戰役出現）。在高密度且增生頻繁的體制裡，行動不斷地產生
了分裂，且置身於諸多異質的對峙形式中——所有行動的交集
並非朝著「改善」制度的觀點，而是對其全面的放棄。所謂的

---

16 同頁56的註11。

無居留證者的抗爭也並非源於各國的內政部長們比較少在國際會議上對此進行討論，而成了某種較為開放的「歐洲堡壘」（forteresse Europe），某種款待（l'hospitalité）問題的重返：這個重返早已歷經了多次被貶抑的抗爭運動，歷經了多次的暴力性的置換，歷經了如此地**將我們自身遺忘**的種種事件。換言之，我們都是在某種社會的免疫條件與安全焦慮的環境裡長大的，總有那麼一天，當我們「看待」「松嘉特」（Sangatte）[17]與諸多居留遣返中心[18]時會感到噁心，就像看到古羅馬競技場上與猛獸搏命的戰士時也會產生的某種不再相信上帝的反感之情，就像看到被綁在柴堆上施以火刑的女巫時也會有的那種反感一般。

事實上，在諸多政治實踐的更新與各種背叛的形態仍頻繁出現的此刻，**鄙民循環**也突然間重返眼前；這種鄙民的重返不

---

17 松嘉特是法國北方濱臨英倫海峽的小城，許多想要前往英國的無證件移民者（偷渡客）都在此地停留，尋找管道偷渡到英國。因流浪的人太多了，自1999年起，松嘉特地方政府與紅十字會便合作開辦了收容中心，提供他們短期食宿。在英國政府的強烈抗議下，法國前總理薩柯奇在2000年擔任內政部長任內下令關閉了松嘉特接待中心，當時引起了許多人道團體與社運團體的強烈指責。而在收容中心關閉後，由此前往英國的偷渡客非但沒有顯著減少，還避居到了樹林裡，以木箱搭建遮雨棚，且目前仍有人道團體為他們提供熱食；他們大多數為來自戰火未曾停歇的伊拉克與阿富汗的庫德族人。就此，「松嘉特」已在相關的移民研究中成了「款待」的同義詞。

18 請參閱《荒誕時代》（Drôle d'Epoque）雜誌，第13期，2003年11月出版。——作者註。

但像個瓦解分裂的行動者，或動盪混亂的製造者，更如同諸多位移與發明的媒介（資本主義在此並非是我們要毀滅或移除的東西。根據維內對於從古典生活過渡到基督教生活的教誨，我們應學習「以其他方式為之」，並用「決定性的步伐」解開我們的鈕釦，並藉此將資本主義拋在腦後或遺忘）一般現身。鄙民的運動和政治行動的樣態不是辯證，不是由一個取代另一個的樣態（這乃是對作為所有辯證法之母的那著名的「揚棄」〔Aufhebung〕的可能翻譯），而是**提出差異**的樣態，傅柯這麼說。對政治鄙民的研究實與那豐富無比的對黑格爾圖式的揚棄運動密不可分（這就是傅柯的口令——「再也不是黑格爾的門徒了」）。傅柯認為，對此必須進行可怕的試煉與痛苦的遺棄、置換或拔除。面對一系列現代政治的偉大象徵——人類，當然是，但還有那人文主義或人道論述，同時還有共識民主論述下的公民（citoyen），以及人道主義的「司法維權者」（juridiciste）——經驗顯示，這些都不過是「第一世界」的大都會裡化名的中產階級。鄙民強力返回，以某種毫不詩情畫意的樣態（賓拉登與他的同夥都有某種憤怒、無所不在、全球化或這些鄙民所具備的形形色色的特徵）出現在這個民主的經驗的廢墟上。西方的民主曾全力建構的共和制、普選、政黨競爭、代議制與媒體權力（通常與具裝飾效果的「言論自由」混淆）。

這都是些不太可能發生的偶然；暴力突然間爆發，不斷地

提醒世人，鄙民正是那些被遺忘且不留痕跡的人類歷史的塵
埃。與一般人的期待相反，唯有醫療收容所與巴士底監獄的檔
案摘要透露了十七和十八世紀的那些「惡名之徒」（hommes
infâmes）（精神錯亂者、淫亂分子、叛教者、流鶯……）的幽
暗生命中的二三事；第一次世界大戰陣亡將士的書信成綑地置
於倉庫的一角，有一天，權力的光束將照進這幽暗的角落，
在戰爭結束的數十年後，這些將士們的家書、情書才很偶然
地在某個周年紀念的場合中出現；弒母殺弟的皮耶·希維耶
在監獄所寫成的回憶錄；朗岱爾瘋狂殺手李察·杜恩[19]。事實

19 李察·杜恩（Richard Durn）為斯洛維尼亞裔法國人，擁有歷史學學士與政
治學碩士文憑，先後加入社會黨與綠黨，多次參與人道團體在前南斯拉夫
的救援行動。他在法國無業，領最低生活津貼與母親共同生活。2002年3
月27日凌晨，巴黎西郊的南特（Nanterre）市政府的市民代表正在開會，
李察·杜恩便從旁聽席站起，掏出外套內的手槍，對準市政代表一一射殺，
最後被制伏。他總共殺死了八名民代，十九人受重傷。李察·杜恩隔天便
從巴黎市罪犯拘留所四樓囚禁室的窗戶跳樓自殺。他在作案曾前曾致函友
人，表達他要殺死朗岱爾的地方政治人物的想法；他的首要目標是市長（後
者所幸逃過一劫），並盡量多殺幾個人。他在可視為其遺囑的信上寫道：
「我這一生實在爛透了，我想死，但不想一個人死，想要有人陪我轟轟烈
烈地死，且唯有如此，我才能變得強而有力並充滿自由」。在這樁事件爆
發後，多本從精神心理、工業化社會等角度對其進行分析的書不但陸續出
版，媒體也從他散亂的書信與日記中引述了部分內容。對此，請參閱雅雷·
法格（Arlette Farge）和米謝爾·傅柯（Michel Foucault）著，《家庭的混亂，
巴士底檔案的印信》（Le Désordre des familles, letter de cachet des archives de la
Bastille），加利瑪出版社，1982年；米謝爾·傅柯著，《我，皮耶·希維葉，
已殺了我媽、我妹和我弟……十九世紀弒親的一個案例》（Moi, Pierre Rivière,
ayant égorgé ma mere, ma soeur et mon frère……Un cas de parricide au XIXème
siècle），加利瑪出版社，1973年；米謝爾·傅柯著，〈惡名之徒的生命〉，《言
與文》（Dits et Ecrits），第3冊，頁237；有關我對李察·杜恩事件的評論，

上，這些倖存的檔案只不過是那被遺忘的大海裡的滄海一粟。在這浩瀚的汪洋中埋沒了數不清的鄙民事件；然而，他們的數量卻多到足以證明鄙民與事件間的某種構成性親近（l'affinité constitutive）——當事件不再是單純的浩劫（還有：奧斯維辛集中營，廣島原爆等都是死亡的行動，其特徵為減少鄙民產生的條件－殲滅一部分的人類）時，傅柯的研究所呈現的是到底有多少的鄙民事件不斷地穿透了我們的身體——在其中，我們將被引領至「高峰」，被引領至那些在檔案記載中清晰可見的、光榮的或災難的鄙民事件的諸眾那一邊，那些組成文化遺產或呈現出些許位移的那一邊，並對歷史或那些得以「創造時代」（faire l'époque）之物進行研究：

「我們的無意識是這數百萬、數十億個小事件（petit événements）；它們一點一滴如雨水般澆淋著我們的身體、我們的思維方式，從而畫出一道道水痕波紋，然後，偶然地使這些微事件（micro-événements）的其中之一留下了痕跡，並由此可能變成了一部古蹟、一本書或一部電影。」[20]

傅柯常說自己是一個「喜歡塵埃」（aimant la poussière）

請見比利時學刊《平凡人》（Le passant ordinaire），第 40/41 期。

20 請參閱〈皮耶‧希維耶的回返〉（le retour de Pierre Rivière），《言與文》（Dits et Ecrits），第 3 冊，頁 114。——作者註。

的人。他說自己要寫的乃是人類「塵埃」的「故事」，並鼓勵
我們站在那些極其微小，甚至連個名字都沒有或無法描述的事
件那一邊，重新調整我們對這些事件的感知方式。以此，我們
將力求了解以什麼樣的名義，李察・杜恩「瘋狂一擊」（coup
de folie）的意義與時代震撼會大過十多名部長換人的內閣改
組，或為何弒母殺姊並被視為一位不幸的精神病患的皮耶・希
維耶會不如對血跡斑斑的屠殺歷史：拿破崙軍隊南征北討戰役
中的屠城歷史、殖民征服過程、社會暴力事件……來得有衝擊
和意義的這點。

　　構成鄙民行動特徵的究竟是如此尖銳、與世隔絕的姿態，
或恰好相反，是集體的行動，這鄙民向當下砍上一刀（balafrer
le présent），這鄙民得以把當下砍得扭曲變形的能力——或是
另一種可以在傾刻間就使得事態變得敏感重要的方法；它甚至
很少是長期、無法支撐的，甚或是醜陋的。因此，皮耶・希維
耶的「姿態」（geste）所撕開的乃是家庭秩序，李察・杜恩
所劃上一刀的乃是政治制度，而賓拉登的動作則徹底地割開了
世界（帝國）的秩序。事件就發生在鄙民的那憤怒的行動（如
吶喊）中；這些行動創造了某種嶄新且令人難以忍受的可見
性。衝擊是由被一連串論述與事件的「邏輯」打斷的行動所產
生的，而正是這些衝擊支持著那些沒有能見度的人，沒有權力
的人與被征服者。　衝擊乃因行動與發言或溝通的努力間缺乏
連結所致。鄙民總是沉默的；他們總是缺乏話語，不可能有辦

法「環扣」在一個李歐塔（Jean-François Lyotard）所説的措句（une phrase）中的。換言之，論述的欠缺總是位於吶喊或聲音的所在之處。

　　傅柯説：「是的，我很希望書寫被征服者的歷史。這是許多人共同的夢想：終於讓那些因歷史因素，因所有的宰制與剝削制度到現在都不能發言的人，與一直受到約束而不得不沉默的人能夠發言了。」[21]

　　而許多鄙民的事件也見證了傅柯式「夢想」的幻滅：事實上，我們的時代所呈現出的首先是「許多人分享著」那些沉默的被征服者，將其埋進歷史，並以前所未有的方式阻擋著被征服者的發言管道的意願。從媒體的角度來説，電視正是權力的部署（壟斷傳播），其首要目的便是阻擋所有鄙民式的發言——因此，當無固定工作的演員抗爭多時，爭取應有的權益未果後，他們便會集體衝進攝影棚，擾亂節目進行與新聞播報，而這正是凸顯鄙民的重要性與正當性的行動。

　　然而，另一方面，人們似乎也認定，**因為鄙民沒有專屬的語言，因為鄙民在語言方面有所欠缺**，所以鄙民總是和事件連

---

21 〈合理的要求是磨練〉（La torture, c'est la raison），《言與文》（Dits et Ecrits），第3冊，頁390。——作者註。

在一起。從很長時間以來，語言大師們（政治人物、神職人員、記者……）已經將語言的土地沙漠化了，那些演講者、抨擊性的文章、宣道者乃將論述扣在了某種轉化的行動上。他們的論述心態是懸置事件、警治，但對一般性事務卻非常關注。警察要驅除所有的暴力，而無論如何，事件總會造成暴力（fait violence），所以勢必要讓所有的事物合於秩序，合乎規範，並有效率地完成例行公事。受過教育或有知識水平的人與統治者所熟稔的那些偵測與描繪「野蠻」跡象的技術，已用各種方法將鄙民的運動導向了其根本無法被涵括的語言與傳播的網絡，而這些網絡都是得以清除密集暴力的那最完美的部署。啞口無言或單純的鄙民非但不會進入溝通，也不考慮這麼作。他們會直接付諸行動（例如911）──而正是在此還保存著那些完好的標記，那些恐怖、可怕、不可忍受的標記。

而我們說，從政治人物、大學教授、電視評論節目員、神職宣道者等人的嘴巴裡所吐出來的話的首要目標就是要避免人們起義。然而，擺脫束縛、爭取自由的政治行動卻不是從高貴的選舉，而是從造反暴動出發的。這就是傅柯在他一系列針對1970年代末期伊朗革命導致巴勒維政權垮台的文章中所再三提及的：

「我不同意人家說『造反是沒用的，到最後結果還是一樣』的這句話。面對權力得冒生命的危險，我們從不制訂這

樣的法律。造反有理嗎？讓這個問題開放討論吧。造反是個行動；透過這個行動，主體性（不是大人物的主體性，而是「無名小卒」〔n'importe qui〕的主體性）進入了歷史，也將他的活力帶進了歷史。鄙民虞犯拿他的生命作賭注以反抗過度的刑罰；瘋子不再能忍受被監禁且喪失權利；人民抵抗壓制他們的政權。革命起義不能保證過失犯無罪，不能治癒精神病，也不能給被壓迫人民種種未來願景承諾的保證⋯⋯，沒有人能證明這些嘈雜聲響所唱出來的歌會比其他人唱的更優美，同時能說出什麼真理。但只要這些嘈雜的聲響存在就夠了；它們對所有的消音進行反抗，以便能有個傾聽這些雜音的方向，並尋求這些雜音真正所要說的。這是道德的問題嗎？也許吧！」[22]

　　鄙民，這個「無名小卒」展現出了某種段對揭竿起義進行堅持的能耐，展現出了某種製造效應的態度，這些效應將對我們社會視為優先的「說清楚」（parler clair）或「說真話」（dire vrai）的這件事帶來強烈衝擊。在鄙民的「混雜」（confusion）中所伴隨著的革命暴動的聲音與吶喊都具有某種強烈的**陳述能力**：它們向紀律與警治召喚著那些不可紀念和不可刪除之物──那些不可約減的鄙民「殘餘」（reste）。而也

---

22 請參閱〈造反無用？〉（Inutile de se soulever?），《言與文》（Dits et Ecrits），第3冊，頁790。──作者註。

正是於此，它們也召喚著那些被斷定要消失的東西——鄙民的
生命與能量——的無止盡的回返；正是鄙民使歷史不只徒具形
式而變得空虛：

「由單獨一個人、一個團體、少數族群或人民全體向對他
們而言不公不義且會帶給他們生命危險的權力大聲說『我再也
不服從了！』－這樣的運動我認為是不能約減的，因為沒有任
何權力能讓這樣的運動成為不可能。所有歷史的幻滅都改變不
了什麼：正是因為有這樣的聲音，所以人類的歷史才不具有演
進，而只是歷史的形式。」[23]

歷史是不復記憶（l'immémorial）與異質性迸發的組合，
然而，打從尼采（Nietzsche）與布朗基（Blanqui）以來，我們
是否真的理解這句話呢？在歷史構成的這雙重政體下，鄙民
的確是個「化身」：這個「總是在這」（toujours là）之物被
睨視與遺忘的疊層所覆蓋了，而這個「總是新的」（toujours
nouveau），總又總是不斷地在事件的場景中被進行了製造。
伊朗革命期間，穆斯林教士在每個清真寺鼓吹宣揚「不順從」
（l'insoumission）的理念，而這正是閔采爾[24]和撒沃拿洛神父[25]

---

23 同上。——作者註。
24 托馬斯‧閔采爾（Thomas Münzer, 1490-1525），德國宗教改革激進派領袖，
　　帶領德國農民起義，主張暴力革命。1525年5月27日在農民戰爭中被殺害。
25 撒沃拿洛神父（Jérôme Savonarole, 1452-1498），天主教道明會神父，盛傳

的重返，被征服者的復仇；而這不能被視為怨恨，而是一種效
應，這將在運動中帶來抵抗權力的純粹能量效應。正是這種效
應掀開了權力的面具；但對所有的專家們而言，在那些倡議伊
朗應該「西方化」的專家們的眼裡，伊朗革命不但史無前例，
也是難以接受的情況。

　　鄙民也因此在作為反抗權力的羈絆、分散權力，並使效
應沸騰的這點上與歷史產生了連結。權力不但與歷史的組成
其實離得很遠，且其最大的目標便是阻礙歷史的構成。權力
機器的特徵是建構同質性、規律性，以對抗那不可預測的鄙
民，並使其歸屬認同。從本質上來說，權力的邏輯是**反政治的**
（antipolitiques），因為權力對各種區隔皆非常厭惡，也與多
元和分歧的體制不相容。傅柯認為，鄙民，確切的說，是那些
抵抗「透過機制」所行使的權力的一群人。因此，鄙民乃是那
在權力遊戲中，以作為羈絆而使政治重返的那一群人。它將化
身為這種抵抗的自然權利（droit naturel），奮勇抵擋權力機制
的擴展。沒有這種抵抗，我們的社會就只是個警察社會。這乃

具有預言能力，1491年起在義大利佛羅倫斯宣揚宗教改革，力抗文藝復興
時代浮誇的藝術作品。他主張回到天主教的苦修時代，嚴格要求佛羅倫斯
地區共和委員會遵行，並制定了半神權、半民主的憲法。於1497年，他還
籌辦了大型的「焚燒虛榮」典禮，燒毀了許多的樂器、藝術品與書籍，該
地區的藝術家也因此紛紛流亡。最後，撒沃拿洛因不服教宗警告而自行脫
離教廷，之後不但被捕入獄，1498年還被吊死並施以火刑。

是不建立規範，但卻不斷爭取、觀察、審視的自然權利。鄙民永遠沒有「合法性」（légitimité）；它並非作為各股勢力無窮盡競逐，並得以就此產生「生命」和法律的肌理，或者我們應該說，法律就在權力建立之處蔓生。

　　權力並非與生俱來，也非天經地義的。在所有的形式中，最具合理性的的濫用權力的方式即為權力的制度化。而這也正凸顯出了思考場域外（權力外）的激進「權利」的重要性，正是這個權利開啟了抵抗權力或損壞權力的種種運動，也促使政治（la politique）本身恢復活力。上述的研究使傅柯更接近了克拉斯特[26]。傅柯曾說：「當某個獨特性造反，一旦權力違反普世價值時絕不妥協，作個令人尊敬的人。」這裡的「一旦」（dès que）便足以說明：沒有一種權力天生是**好**（bon）到足以讓哲學家與之結盟的。傅柯在此很清楚地與他當年的那些毛派同志分道揚鑣了；他拒絕了那種威權體制下英明偉大的領導人形象，拒絕了人民公審與忠誠化的知識分子形象。[27]在他的批判砲火下，毛派人士的夸夸之言便被揭露了出來；如同政治上的「化身」（avatar）一般，這些毛派人士將持續降格委身於國家的種種狀況下。而這與傅柯完全不同，傅柯透過對站在

---

26 克拉斯特（Pierre Clastres, 1934-1977），法國人類學家，以政治人類學的研究受高度重視，主要著作有《社會對抗國家》（La société contre l'Etat）。

27 請參閱〈與毛派的辯論：普勞階層的正義〉（Sur la justice populaire, débat avec les maos），《言與文》（Dits et Ecrits），第2冊，頁340。——作者註。

鄙民這邊的這被**置換了的**政治進行描繪的動作更新了行動的自
由思維。

反抗管理，抵抗管理：無法治理的部分
Contre-conduites, resistances de conduite: la part de l'ingouvenable

在「安全、領土、人口」的講課中，傅柯論及了某種基督教牧民的系譜學，他認為這種從教士神學而來的牧民制度可被理解為諸多現代統治形式的前奏曲。傅柯認為，政府同時掌握集體性與個體性，而更深入的是，政府還普遍掌握了生命的各個層面，而且，治理中的「照護」多過約束。

傅柯說，當基督教的牧民制度開始「急速發展」之後，現代的治理性則逐漸具體化。現代治理性一方面以基督教的牧民思維為前提，而同時又假設前者已日漸消逝。抵抗的驅動力因此將從這裡起步成形：西方歷史上雖並未發生任何反牧民的**革命**（révolution），但並不能說基督教的牧民作為完全沒有遭遇到任何抵抗運動或力量。相反地，幾個世紀以來，曾出現了各種不同的抵抗形式：一方面是異端，女巫，但同時也有抵抗1215年的「拉德蘭教諭」（concile de

Latran）[1]中教會對告解所具有的強制力。

　　因此，在此便出現了對基督教牧民的服從的極為**特定的反管理**（révoltes spécifiques de conduite）。許許多多的抵抗或不服從的形式於焉誕生，而這也就是傅柯所謂的「透過其他進程與方法，以另類方式，由其他的牧人管理，朝向其他目標或形式而得救」的慾望。因此，問題不在於完全不受管理，而是尋找另一條出路，由不同的人以不同目標行之。這並非牧民的模式本身遭到了丟棄，而是在基督教牧民的關係內打開了一個內部的、永無止盡的反抗空間。對基督教牧民來說，那裡永遠需要特殊的管理，因而也就此形成了某種對抗管理的循環式的重複顯現。傅柯在此所感興趣的是反管理的**特定性**（spécificité）：這些特定性與反叛政治，造反起義、騷亂暴動、民眾情感一道——以各種不同的方式展現出了對主權行使的不服從運動。

　　因為種種理由，我們有必要在反管理或反管理的過渡中稍作停頓。首先，這個過渡標示著傅柯朝倫理問題的移動，這個在《主體詮釋學》、《快感的享用》和《關注自我》（*Le souci*

1　「拉德蘭教諭」於1215年由天主教第十二次大公會所決定；此教喻主要規範告解，要求教徒一年至少告解一次，以向神父告解取代公眾告解。該教喻決定了教區神父一職，神職人員負責為他的教區的信徒們「療護靈魂」。教區神父因此成為中世紀的西歐社會中極具影響力的人物。

de soi）中所呈現的東西。管理不但在此位於政治與倫理的接合處，並以奉公守法、行動反應、行為舉止的好壞作為對個體的評判，同時也成了介於個體、團體與權威當局間各種衝突或斷裂界線的標示點。所有的管理都假設著某種「自由」（la liberté）的存在：我們將在「治理這些管理」（gouverner les conduites）的企圖心與其他不願放棄自由的人的企圖心間描繪出一條張力的界線。我們將在此對傅柯矛盾的權力定義進行辨識：治理反對君主統治、發號施令或約束，並假設了被治理者的自由。然而，如果主體一方不可轉讓的自由元素存在的話，主體總有產生混亂的可能，甚或是使指向治理者的動作失去作用；這些治理者總有某種反對**抵抗**的可能。抵抗在此將是迂迴而來的第二個關鍵字。它並非從政治到倫理所過渡而來，抵抗本身便扣連著政治與倫理。抵抗的特殊性在於它乃是個政治詞彙，猶如它同時是個倫理的詞彙一般。

傅柯圍繞在這兩個驅力——反管理與抵抗——所發展的評論如今在重要政治論述危機與政治行動的模式所標示的地形學中都獲得廣泛的迴響。這兩個驅力在由傳統所賦予的合法性或是流傳下來的諸多行動的形式中都轉變為了某種爭議性的所在（革命的行動圖式危機，尤其是改革行動，還有盎格魯—薩克遜的古典自由主義政治）。諸多的對峙線都可被移動至被管理者這一方。傅柯以這個研究觀點分析了人民反叛導致伊朗前國王巴勒維（Shah）下台的案例。他說：造反起義的模式不但已

然失效，且革命的模式在此更是變得模糊不清。在伊朗，抵抗已接下了革命的棒子，在此管理（精神性）乃扮演著某種重要角色。這與起義造反無關，而是關乎於那一丁點的人性；民眾停止去做權力當局期待他們去做的事，而且完全變得**無法治理**且無法化約：軍人對著人群開槍，坦克車進城鎮暴，殺了數以百計的民眾：然而，無法治理的群眾卻不斷地形成，沒完沒了，無止無休。

除此之外，諸多反管理的獨特性在於，它們能顯現出某種政治性目或政治焦點的重要性，而這些事物先驗上（a priori）都位於政治場域之外。誠如傅柯在其他的脈絡中所一再提醒的：政治不是單純的事務，凡事都能與政治沾上邊。我舉一個很普通的例子：留長髮。帕索里尼[2] 曾在其著作《海盜書寫》（*Ecrits corsaires*）中收錄了一篇有關留長髮動機的文章，他寫道：「在某些威權或集權，甚至是單純紀律嚴明的環境裡，蓄長髮就是不服從的行動展現，以此作為反叛太過僵硬嚴苛、帶有壓制意味的規則。」帕索里尼說，留長髮傳達了一個無聲的「訊息」（message），這個動作所傳達的比其他的論述都長。在那我們所指的政治體制中，無論哪一個權力當局都會壓

2　帕索里尼（Pier Paolo Pasolini, 1922-1975），義大利著名作家、電影編劇、導演，曾獲十四項國際影展大獎，1964 年的作品《馬太福音》（*Il Vangelo secondo Matteo*）曾三度入圍奧斯卡金像獎，是義大利電影藝術的靈魂人物，其於 1975 年 11 月 2 日的凌晨在羅馬附近的歐斯堤（Ostia）海灘遭劫殺。

制多少帶有些許暴力的冒險；當權者絕不會疏忽、搞錯而任其
發展（捷克、斯洛伐克、阿爾巴尼亞……或者舉個比較沒那麼
激烈的例子，1960年代的我們自己）。在這些經典的案例中，
政治自主表達的可能性都被進行了否定。不可能再有任何的政
治言論與批評，頭髮因此成為一種拒絕，或以這樣的行動和那
不可能不連接的世界保持距離。

　　傅柯所列舉的這些例子也使我們對在天主教會所指示的
絕對服從要求，與在這個要求與主體的自由前提間（我們可
以在善與惡之間作選擇）所形成的張力進行反思。天主教會
在此被理解為了某種「整體」（total）或要不說，「集權」
（totalitaire）的制度，所以拒絕實踐成文的宗教儀禮，反對儀
式或教義，從事巫師祭典或異端等實踐便是必要的。傅柯在此
參考了瑟鐸[3]或岡茲堡[4]等人的研究，用以回顧過去天主教會對
女巫的那永無止盡的驅逐和圍捕。在其參照的時空環境中，他
特別舉出了女性乃被特別地放到了反管理的位置上的這點：
「在她們的宗教形式中，這種對管理的反叛在教士神權的長遠
發展裡都與牧民有關，換句話説，從西元九、十、十五，甚至

3　瑟鐸（Michel de Certeau, 1925-1986），耶穌會教士，法國哲學家、歷史學家，
　　對十六至十七世紀的神祕主義研究甚多，著作囊括宗教史、宗教在當代世
　　界的角色、歷史認識論和精神分析等面向。
4　岡茲堡（Carlo Ginzburg, 1939- ），歷史學家與義大利現代藝術史學家，是微
　　歷史研究的代表人物。

直至十七世紀。」傅柯緊接著又說，從十七世紀末至十八世紀初，管理的衝突也於焉誕生，且不再只限於宗教制度，更多的乃是在政治制度方面上演。例如：違抗、拒絕為皇室軍隊效命、逃兵，又如祕密結社等；這種種都是從十八世紀以來所發展出的實踐。

對我們而言，重要的是從目前的時事中觀察還有多少驅力留存下來的這點。也許還不斷地增加呢！關於頭巾問題，所謂的伊斯蘭頭巾，最近幾年，回教女性帶頭巾的問題成了法國媒體的焦點話題，這是某種很典型的反管理，某種抵抗的行為（如同獵巫行動一般，我們可從頭巾的爭議裡發現女性在社會關係中的處境，而女性在抵抗管理中正是處於這種重要且敏感的地位）：女性在此乃是被烙印、非主流的代表，抵抗著政府對他們施行並將她們推出主流或視為次要、附屬的管理模式。相較於在學校的編制內所展現的作為的共和（républicaine）意識形態準則及其虛假的普世主義，她們所採用的是正是某種反管理，以還原她們的獨特性與她們所承受的歧視之可見性。因此，與其說回教女性戴頭巾是「受父兄們的操控」，還不如說她們以戴頭巾的舉動「傳達著」這個不必言明的訊息：我們不要這樣的政府，我們不要被這種模式、這些人與這些方法治理。這幾乎是傅柯的引述，我只是將「救贖」（salut）和「拯救」（sauvé）替換為「治理」與「被治理者」。在此我想問：如果反管理凸顯出了某種極大的意義與重要性，那麼，

在那些為了達成共識而消除政治鬥爭以獲得共識的社會中，在那些可導致政治上的衝突接二連三出現，並呈現分歧的方法都消逝在民主輿論的沙礫上的社會裡卻經常出現各種反管理，且它們還時常相互激盪，不斷擴大增生，這難道都是些偶然嗎？

1960年代西歐蓬勃發展的那個年代在某種程度上乃是反管理的黃金年代；在當時，高舉反叛大旗的經常是年輕人和女性：在成為像樣的政治運動或政治團體前，女性主義曾在反管理中找到了抗爭的源頭，如兩性平權、家務勞動分攤、再生產、穿著打扮與外貌等議題——「脫掉胸罩」（le rejet du soutien-gorge）即是某種典型的反管理。在此不免令人想到這個古老的故事：亞里斯多芬尼[5]在《利西翠坦》中所描述的雅典女性與她們的那些熱中戰爭的魯莽丈夫的對抗不正是令人激賞的反抗管理嗎？同樣地，早在1968年5月法國大學生們在巴黎街頭與警察對峙之前便已出現了不勝枚舉的反管理，當時大量的反管理奔流向了日常生活中的各個「範圍」：文學上有維翁[6]、穿著（喇叭褲、黑夾克）、音樂（搖滾樂）、髮型、哲

5　亞里斯多芬尼（Aristophane），希臘詩人、喜劇作家，重要作品如《巴比倫人》（*Babylonians*）和書寫女性、歌頌和平，描繪社會與政治烏托邦願景的《利西翠坦》（*Lysistrata*）。

6　維翁（Boris Vian, 1920-1959），法國作家、爵士樂手、歌手、作曲家，他曾以維農・蘇利文（Vernon Suillivan）為筆名於1946年出版了引起巨大爭議的小說《到你們的墳墓吐口水》（*J'irai cracher sur vos tombes*）。這部充滿想像力的小說以一樁情殺事件為主軸。1950年維翁被法國法院判「妨害風化罪」。

學（寧可讀萊希和馬庫色，也不要讀康德與馬勒布宏許⋯），
別忘了還有和平主義者（如因道德良心拒服兵役，不服從）與
「自由戀愛」（避孕藥）。這些反管理在此皆以重要的政治基
礎效應進行了顯現——在越戰期間美國境內的反戰活動和歐洲
1968年的學運，這些反管理的行動從宣告開始便一路伴隨著我
們，並開啟了反叛的年代。

　　總而言之，十多年後，我們將在「另一個歐洲」
（l'« Autre Europe »），即東歐與蘇聯，在法文所謂的「異議」
（dissidence）中發現相同形態的現象：權力當局以粗暴的手法
壓制政治反對勢力所發動的示威抗議活動；管理的領域裡打開
了一個可塑的空間；我們也可在此以各式各樣的方法播放抵
抗、拒絕與瓦解的「記號」：一如西方社會，但形式不同；在
此，所有日常生活的運作都可進行投注：反文化（聽歌手維索
斯基[7]的歌，閱讀米蘭・昆德拉的書，流傳一些有關列寧的笑
話⋯⋯）、具象徵意義的示威遊行、嘲諷行動與消極抵抗（如
《七七憲章》[8]）：就此，在倫理管理與政治反對運動之間的

　　維翁擅寫黑色小説，筆法辛辣大膽，他還寫了一首名為「逃兵」（déserteur）
　　的暢銷歌謠。簡言之，維翁不但是1960至1970年代法國年輕一代的偶像，
　　更是法國在68期間反叛的象徵性人物。

7　維索斯基（Vladimir Vissotzky，1938-1980），二十世紀下半葉俄羅斯最受歡
　　迎的歌手，主要職業為電影與戲劇演員。維索斯基寫了許多反映時代並被
　　蘇維埃視為異議的歌，而這些禁歌也於當時在地下的演唱會間流頌。

8　因抗議捷克共產黨領導人胡沙克（Gustáv Husák）壓制地下搖滾樂團「宇

這片寬闊的灰色地帶也即將形成：在這個模糊的空間裡，連哈維爾都將從研究巴托卡（Jan Patočka）的新人格主義（néo-personnaliste）哲學的領域移動到了捷克共和國的總統府，其間還歷經了荒謬戲場（le théâtre de l'absurde）、監獄與《七七憲章》。傅柯在法蘭西學院講課時曾說到，「異議」這個字，明確地說，「的確是可能與之相符的」（諸多反管理或受到抵抗的管理）。

這種環環相扣的反管理的擴大發展也替制度危機與權力形式危機提供了某種養料。這些危機將在1980年代普遍化，並替蘇聯解體尋求出路。傅柯曾替我們指出了一條明路。由此所顯現的意義是，1980年代的蘇維埃政權已然成了某種牧民的政權（傅柯所謂的「牧民化」），並因而不再是某種極權的執行政體。

而我們也將從蘇維埃的例子中清楚看到，牧民的觀點同樣在現代社會施用。政治學的分類乃將這種牧民的政權評定為為

宙塑膠人」（The plastic people of the Universe），該國的知識與文化界遂於1976年發起《七七憲章》的簽名運動，要求權力當局遵守1975年在赫爾辛基所簽訂的人權協定。捷克總統哈維爾（Vaclav Havel）即為首要簽署人之一。就此，帶頭簽名的知識界人士雖立刻遭到懲治，但他們卻並未退縮，簽名運動仍繼續進行。《七七憲章》被視為極權體制下捷克抵抗運動的關鍵性事件。與波蘭「團結工聯」不同的是，《七七憲章》較局限於知識界，但兩者都對1989年的蘇聯解體有直接的影響。

了某種「政體」：而這主要將存乎民主和非民主間的巨大分享。事實上，這點非常重要。它不斷地提醒著我們，傅柯對牧民所作的研究，而這個研究不僅是門考古學（archéologie），也是有關政治現代性的一門反考古學。在此，民主、公民、普選、多元主義、權力分立等範疇都將被約減為與其他的事物有別的某種明確的部分，即生命權力、生命政治、部署、技術、科技、策略、戰略、治理性、抵抗和鄙民等。

另一方面，我們千萬也不要忘記傅柯透過「牧民權力」所理解的遠比透過國家媒介或國家編制下政府官員之運作形式更為廣泛與多元；其間的差距乃無法計算。他附帶寫到：「我們可以說醫師乃是牧民制度強而有力的繼承人之一。」事實上，現代醫學的權力正是牧民的權力，而精神分析也很明顯地身處其中。我們可以很有效率地問道，哪些現代權力的特殊形式可以從這個模具中解除？而哪些又能從中脫離呢？新聞權力（pouvoir journalistique）、媒體、學校、大學……很顯然地，警察權與司法權並沒有從牧民制度的模具中解消。

而傅柯也藉此問道，管理的反叛是怎麼透過行動將不同類型的事件與狀況滲透至我們所謂的政治裡頭去的呢？事實上，正是這個提問不斷地激勵著我們對其進行理解。傅柯因此說：「即使在革命的進程裡，原有著其他種種目標與關注點的**對管理的反叛**（l'insurrection de conduite）之面向和反管理之規

模在過往總是呈現了出來……總之……在法國大革命裡，整個
軸心，整個對管理的反叛、造反，我們可以說在其中每個俱樂
部都扮演了重要的角色，但也都是從其他地方一個接一個而
來。」傅柯緊接著說，這個要素我們也可在其他革命的狀況中
找到，例如在1917年的俄羅斯。我所再三強調的是，在歐洲
1968年的大危機中，法國、義大利、德國、捷克、斯洛伐克或
波蘭的這個元素並非較不明顯。在這些案例中，女性皆**偏離了
她們的角色**（sortant de leur rôle），並採取了某些「被視為醜
聞的」（scandaleuses）行為，而這正是最主要的問題。

另一方面，傅柯還認為牧民是一種對活人進行治理的形
式。這種治理不但永遠處於危機中，且在某種程度上，治理者
與被治理者間的關係總是問題叢叢且爭論不休。他說：「牧民
的危機從很久以來就是開放的，中世紀因反管理而開放。換句
話說，牧民以權力的形式，在自身內部激盪著某種危機。因
此，有治理人們的牧民政府的地方，就會出現反管理、抵抗行
動和特殊的反管理。」

傅柯正是以這種精神區分了從中世紀教會內部所發展的五
種反管理形式：
——苦行主義：教士神權強制要求永遠服從與放棄意志，
苦行作為了某種自我修練的方式，並表現出了某種向牧民制度
挑戰的形式，而基督教則並非苦行的宗教。

　　——團契之形成：教會內部反對階級制的人自行成立的宗
教共同體。成員間在此可以平等的原則裁決事務，當教會權力
當局對共同體行使某種權力時，後者可能會違抗，在共同體成
員與絕對服從原則間在此便產生了對立。

　　——神祕主義：信仰者藉神祕主義與神靈之間直接溝通。
然而，教士神學則排除了任何未經傳教士掌控的靈魂與上帝間
的溝通。

　　——返回聖經（基督新教）：這也是某種切斷教士神權的
方法。

　　——末世信仰（耶穌基督重返人間，拯救人類……）：與
教士神學相異，因為牧師等神職人員在此已不再具有作為凡人
與上帝間的中介者功能。

　　我們或許可以用同樣的方法來分析現代社會中牧民政權所
激盪的不同類型的反管理。**醫療的權力**（pouvoir médical）：
自我療癒、自然療法、異國情調療法、傳統治療、草藥
……。**精神醫學的權力**（pouvoir psychiatrique）：東方智慧、
心靈大師、共同體、網路對談、教派、收音機的叩應節目
……。**學校的權力**（pouvoir scolaire）：喧嘩擾亂、缺席曠
課、拒絕完成指定的作業、為了不同形式的地下經濟與宗教
狂熱勸人入教，並使用學校的編制等。**大學的權力**（pouvoir
universitaire）：學生作業、碩士、博士論文等課程表上線
……。**神職人員的權力**（pouvoir ecclésiastique）：教派，福音

教派電視宣教等。簡單地説，有權力的地方，抵抗便會應運而生：主流經濟與反主流經濟、治理者與被治理者之間的「交換」；走不完的路、緊張的勢力場域的兩端勢力都想支配對方，並解除被對方支配。而為達到目的，雙方便必須大玩戰略（Tactique）。勢力場域將永遠處於運動中。傅柯説：「所有能調整團體或共同體間強弱勢力關係的轉換，所有因可調整權力關係而使用戰略的對峙與敵對所帶來的衝突都必得將理論的要素置入其中；正是道德論證或合理性的理論要素奠定了戰略的基礎。」

「戰略」是個相當有趣的字眼，因為它屬於戰爭的語彙，但卻又並非專屬於其上。雙方的勢力賭注或許不必然要編入戰爭意義上的政治，而傅柯也正是在法蘭西學院的課堂上極力地擺脱戰爭政治的主要模式。他在《必須保衛社會》（Il faut defendre la société）一書中仍不斷強調戰略的重要性。今後，我們將位於奠基於戰爭模式的分析與植根於自由或自治模式的分析間的某個中介的地形學之上：主體／真理／權力。「反管理」的動機在傅柯的思想中形成了某種運動，並由此導向了其研究最終的根本論點：關注自我的問題、主體詮釋學與生存美學的問題。

傅柯學說的應用與實踐
Pratiques et usages de Foucault—présentation

　　傅柯於1984年辭世。某種既近又遠的消逝,既在哲學史的長河裡,也在當代哲學壓縮緊湊的時間中。打從他死後的這個平凡的二十多年裡,在哲學領域中,我們是否看到了能超越傅柯的偉大作品的出現呢?如果真的有什麼傑出的哲學著作出現的話,那麼我們肯定錯過了……。依我的觀察,這二十多年來,在哲學領域,他的那些以不同面貌呈現的著作似乎不僅並未隨時間的流逝而遠離,反而向我們逐步貼近——我將會詳細說明,在哲學的時間長河裡,或者是在某個哲學時代中,人文科學界究竟是如何密集地吸納傅柯學說的效應。

　　但是,如果我們還記得傅柯經常以「現實性的哲學家」(un philosophe de l'actualité)或當下問題的「診療師」(diagnosticien)自居的話,那麼,事情便會變得複雜許多。

　　因此,我們必須參考政治的歷史,也必須從遠距離評估:

當傅柯過世時，法國的密特朗派（mitterrandisme）仍居掌權地位，活躍於政壇。蘇維埃集團（le bloc soviétique）儘管逐漸鬆動搖晃，也仍然健在。而前南斯拉夫（ex-Yougoslavie）的戰爭還沒有爆發，「911」事件、第一次與第二次波斯灣戰爭、甚至右派重返法國政壇等事件也都還沒發生。而這些不同的事件在後來也形成了班雅明所謂的「廢墟的積累」（l'accumulation des ruines），所有那些得以**改變時代**的跡象……。

而從傅柯身上我們也很難找到某種奠基於教條之上的**政治**（une politique）。正因為傅柯在**政治哲學**上的缺席，我們也很難清楚說明他的現實性哲學，與他對時事進行針貶診斷的熱情，究竟是出自於哪一種類型學的運用。在此，我們看到了一個斷裂的元素——我們在閱讀傅柯對諸如監獄、法律、性議題、國際問題和共產主義（波蘭團結工聯）等政治問題發表看法的著作時便可大量偵測到這個斷裂，且這還不僅是遠離而已，甚至還到了脫離，也就是某種非當代性（non-contemporanité）的地步。而這些都不僅只是政治所關心的對象，同時還包括了某種領受的模式，論述的規則、情感……這些人們將不斷地回返的東西。

而這也正是傅柯晚年所展現出的兩個切面：哲學書寫（他不認為他所建構的是一件「作品」，而是一段航程，一個工地，藉此開啟並產生概念、定義新的問題性模式，我們從《知

識的意志》到《主體詮釋學》都可看到這個持續不斷的行動）以及政治行動（儘管他的政治行動是以拒絕諸如政黨政治與知識分子「介入」社會等傳統的政治形式所產生的那反沙特的雄心壯志）。總而言之，傅柯最後建構了一個不容置疑、不可被拒絕的政治面向。而這也意味著，傅柯在晚年的功力爐火純青；但他因愛滋病而早夭的這點卻使得他的晚年不能稱之為「晚年」（dernier）。

　　這個「政治的」傅柯不僅是個立場鮮明的知識分子，且他所抱持的某種立場，他的政治反應（agir）與他的作為也十分激進：例如，為了抗議監獄警察的粗暴，他寧可站在第一線與受刑人家屬一起在監獄前示威遊行；在公共集會的場合要求廢除死刑，甚或公開抨擊波蘭政府對波蘭獨立工會運動的壓制；在許多辯論的場合質疑並挑戰精神醫學專家的論點……這些年來（從1968年至辭世），在那些間斷卻密集的政治參與中，傅柯所完成的乃是某種艱苦的鍛鍊。《特別的一天》（Une journée particulière）這本小冊子不但拒絕了所有人所期待的形式——沙特式的介入、左派的政治活動，而他與推崇毛澤東觀點的法國毛派（les maos）的關係也因此變得更為複雜。他的政治參與並未與他在哲學領域的研究分離——他絕非是以哲學家角色出現以獲得聲望（如同《詞與物》所帶來的一般），並將這份聲望用於某個「正當的理由」（bonne cause）。他的互動都是恆常的——參閱《規訓與懲罰》或是1973至1974年他討

論精神醫學權力的課程；在其中，他曾賣力地與精神醫學專家
們針對皮耶‧希維耶（Pierre Rivière）的案例進行爭辯。

　　而這個介於哲學的問題性、概念的實驗性與當前空間
（「戰鬥」）中的前線作戰也如一個盾牌般在哲學場域的轉化
與政治行動場域間不斷流動。在倫理空間擴增、政治空間縮減
的今天，我們在此已很難許多已失去可見性而變得模糊的身影
進行辨識。而如果我們在閱讀傅柯時經常會有在另一個時代進
行政治陳述的印象的話，那是因為我們一方面遭遇了與**論述秩
序**相關的問題，而另一方面則是這種現實思維乃是會最先經受
嚴重衰退的事物之一，因為我們已很難再感受到支持著當時的
傅柯的那種無論是個體或是集體的現時性思維的情感或情感的
星叢（constellation affective）了。我們可以閱讀到不少這樣忽略
甚至是錯過了重點的著作，因為我們已「失去」了他所承載的
情感——一個緊扣「時代」脈動的情感[1]了。我之後還會回到
這個關鍵的問題。但我們可以在此先舉幾個例子：如傅柯在與
法國和外國新聞記者的訪談或在媒體大大小小的文章中所經常
使用這個句子：「折磨即是理性」（la torture, c'est la raison）。
而在今天，恐怕這句話只會令人發出些許的驚嘆吧！

---

[1]　這樣的一種情感也正是法國哲學家巴迪烏（Alain Badiou）所謂的「世紀」（Le
　　Siècle）。——作者註。

　　要與哲學家兼公眾人物的傅柯保持「適當距離」還有另一個難處，即他的多樣性格、偽裝品味、矛盾與某種精湛的閃躲藝術。每當我們將他以某個角色，某個可讓影像停格的姿態定位時，他就呈現出了某種從掌握中逃脫與背離的可能性。例如傅柯在參與監獄訊息團體時的介入和抗議大可使他成為偶像（如在由法國Artières出版社所出版的小書中那樣），但我們卻可能因此而付出遺忘他另一個能見度不高的角色的代價：即受到權力擁有者，受到「權力，這隻『美麗的野獸』」（le pouvoir, cette « bête magnifique »）所迷惑的傅柯。許多人私下傳聞，傅柯在季斯卡（Giscard）時代差一點當上高等教育主管官員。當年，知識分子朝臣們都擁簇在密特朗身旁（當時有人向傅柯提議華盛頓駐美大使館的文化參議一職時他也婉拒了；但他也許不是因我們所相信的那個理由而拒絕這個職務）。傅柯認為權力是用來行使，而並非必須緊緊抓在手中的；我們已可在某個場域中獲得對行使權力的可能經驗（他的權力觀正好在此與沙特相反；後者認為必須「反抗」權力，因為權力即等同於國家暴力與壓制）。傅柯在與雷蒙・阿宏（Raymond Aron）對談時態度殷勤[2]；但他不去當密特朗的「食客」的原因在於他並未在法國的左右兩大陣營中發現明確的基準點。傅柯總會在立場、理論與政治上增加或呈現某種可能的可逆性，

2　請參閱法國社會學家伯特（Jean-François Bert）的《傅柯導言》（*Introduction à Michel Foucault*）一書。——作者註。

某種顛覆分析並將使其朝矛盾轉向的可能性：納粹主義：恐怖、自由與告密（即某種「回顧—反—回顧」的圖式）或邊沁的全景敞視式監獄：規訓的機器（《規訓與懲罰》）或主權裝置（「安全、領土、人口」）。因此，我們也經常從這個顛覆分析的運動中掌握傅柯的著作與研究中的諸多「形象」（images）與觀點 —— 根據我們所閱讀的文章與各種我們所接納的效應，這些影像與觀點，將可成為未定（不確定）的變化。對需要研究教條、理論和穩定概念之配置的學院哲學（la philosophie universitaire）而言，這是將傅柯作為研究「對象」的一道難題。而這也是之所以會產生一個被學院化、「常態化」和「學科化」（discipliné）的傅柯的原因。

首先，在這當中令人感興趣的是被建立在一部「作品全集」（œuvre；或應該説「文集」）與當今讀者間的關係上的對傅柯的**當代接受**。我們將以三種效應對此進行説明，即：強化效應、多元化效應和全球化效應。讓我們從**強化**（Intensification）談起：我們有時候會覺得現在所處的與傅柯所實驗或以他自己的工具所從事的現時性不再或甚至完全不再是相同的**政治**序列；這似乎意味著，只要他的哲學觀點一出現，他對我們所進行的**支配**（emprise）就會不斷地延伸：即閱讀傅柯著作的人越多，對他作品的評論越多，他的研究便被被更多樣、更多元的人所「運用」。然而，我們卻不能在這個社會學類型的足跡上多做停留，而應該從支配的觀點進行更深

入的挖掘。明確地説，該怎麼去描繪一個在實際的層面上很難
勾勒其輪廓，一個對所有的討論與反對的資格開放的現象呢？
這個評鑑並非缺乏決斷：正如我們眼前所清楚呈現的是，在哲
學上，這個時代與其動力是屬於傅柯的，誠如它同樣也是屬於
德勒茲—瓜塔利（Deleuze-Guattari）的一般。在一個更大的範
圍上來説，這個時代是屬於其著作在某個時刻都發揮了極大的
影響力的當代的哲學家的——如哈伯馬斯（Habermas）、羅
爾斯（Rawls）都曾在某個年代極具影響力。就此，在其當代
的影響力中對支配的論點進行區分乃是有其重要性的。探究支
配的論點不僅必須理解在某個時期或類型學上的公共面向，還
必須精通我們所拆解的**與之和平相處**（être en prise avec）的這
個字。因此，在公共社會學（sociologie du public）之外所顯示
的這點將會告訴我們：一部「作品全集」的能力或哲學工作的
能力，從文本的星叢和具名的行動出發某個當下進行診斷的能
力，依作為現實性的這當下的潛在性狀況向活人進行「提議」
的能力，將著名的「工具箱」賦予現時的行動者／讀者，並使
他們在上場活動時充分發揮的能力等（這裡的活動包含了描述
的潛在性，解析現代性的論述等。這些活動將隨著時間，被讀
者、大眾與那些不斷演進與流動的文本實踐者評估）。我們可
以這麼説：這乃是某種以作者之名而進行敍述的文本的力量
（puissance），而這些文本都是經過試煉與評估，在現時的不
斷重組中，經使用者發現並賦予價值的。

　　我特別堅持這一點，以疏解「流行效應」（l'effet de mode）的異議——傅柯，以及剛死不久的德勒茲—瓜塔利在法國哲學界中應是個「流行趨勢」，如同巴迪烏、洪席耶（Rancière）是法國哲學界還在人世的「時尚」一般。我們不能否認在哲學界有所謂的時尚效應群：1966年，當《詞與物》成為暢銷書，其作者受到尊崇時，我們的確處於某種流行的效應中——這本書一開始沒什麼人讀，沒幾個人真的讀懂，且大部分的讀者從第一頁起就幾乎摸不著頭緒，就更別提委拉斯奎的那幅名畫《宮娥圖》（Ménines）與「再現」問題的章節了。幾年後，讀者對《反伊底帕斯》（L'Anti-Oedipe）的出版也又有著同樣的反應。不過，在傅柯已辭世二十多年後的今天，現象卻完全改觀了——他的哲學思維與種種推波助瀾的效果已將我們引領至對某個時代的「征服」（conquiert），並對其加以深耕的地步上；傅柯諸多的概念性與分析性的倡議與「迴響」已在當下進行了交會。

　　我將提出兩個例子：

　　——與其說權力如同分散的連結性場域與群島，毋寧說權力是可疊置（superposable）至國家和制度裝置之上的：如果法國高等政治學院（Sciences Po）感覺需要舉辦一場關於將傅柯理論「挪占」（appropriation）的大型研討會，那是因為他的思維，在這個關鍵點，對政治學教授，特別是法國高等政治學院的教授們而言，極具說服力。

　　——而與其關注主體或主體們，毋寧關注個體或個體們
（individus）；與其說配置和主體性的生產在此作為了某種生
活、思考和道德評估的賭注，還不如說現代性已如同對個體性
（individualité）的製造一般進行著運作。因此，與其以斯多葛
學派（stoïciens）為參考範例，還不如選擇研究「個體社會」
的社會學，或是以個人主義作為研究現代民主修養（l'ethos
démocratique）的政治學。正因為有關個體的論述已枯竭殆盡
了，所有圍繞在主體—主體性—主體化軸線上的配置才得以突
飛猛進的開展，而洪席耶和阿岡本所説的「主體化模式」在此
更是使得某種流行效應得已回返。

　　一個由作者（無論其是否還在世）所賦予的「活的」哲
學品牌乃是某種造成**置換**、更新與轉換各種論述規則效應的
能耐。各種鴻溝之效應（無論是否為認識論的）在此皆顯而
易見：例如政治／警治（politique/police）間的這個洪席耶曾
於《歧義》（*La Mésentente*）一書中確認的區分恰恰是來自於
傅柯對治理合理性的現代形式起源的研究。思維的力量也顯示
出：在「前」（avant）與「後」（après）的雙重夾攻下，我
們必須不斷地參照由傅柯挖出，洪席耶重新提出，且已擴展出
傅柯和洪席耶研究的圈子之外的這十八世紀的警治論點。

　　一個「活的」哲學在現前產生的效應在此也粉碎了由學院
哲學所建立的先驗區辨，即形上學、道德哲學、認識論、政治

哲學、美學……。「活的」哲學在此將打破種種界線，並透過某種橫斷的模式發揮其支配性，誠如柏格森（Bergson）與柏格森主義者在兩次世界大戰期間所發揮的影響力一般，而這也正是傅柯、德勒茲－瓜塔利的作為。如今，我們在其中所找到的「效應」與他們原先的基礎早已差了十萬八千里：這些效應出現在了建築師、獄政單位負責人、劇作家、造型藝術家、攝影師……等人身上。傅柯作品原先的活力也顯示了這些分散場域的流動能量和接受效應的某種單一和去多元化。而這裡也出現了某種雙重作用：一個是經由參照而來的「統一」場域──即「作者」之名與其所被假設出的權威──與一個被異質性，甚或被大量的作品「使用者」所實施的接受策略所拆散的場域。

　　一個名字、一部作品、一個時代、一個當下所呈現的多樣的形式，皆強化了這兩者間的某種關係。我舉個例子：因種種因素所致，傅柯的研究長期以來被圍牆內的高等教育界視為可疑之物。這種質疑乃打從大學的哲學系開始。過去，如果我們想要在大學裡找到哲學教師的工作，最好避免自稱傅柯研究的專家，因為他的聲譽以「危險」著稱，提到他就好比見了鬼一般。而後，隨著時間漸漸地產生了某種重新融入和**常態化**的效應；就此，傅柯思想的效應也逐漸擴大，學界已不那麼在意他「風評很差」（mauvaise réputation）之事（即他在大學外的非主流地位，他反對大學哲學的種種言論，他執意在NRF出版社

出版掛著「歷史圖書」標籤的書籍，他那喧擾的行動派作風，他那張揚的同性戀身分等）。現在，傅柯的論文已出現在了法國高中三年級的哲學教科書上，有關傅柯的簡易入門書及小「傅柯」們（les petits « Foucault »）如雨後春筍地出現在非學術性的圖書中，而讀者群正是一般大眾或性急的大學生。禁運解除讓傅柯的思想得以堂而皇之地進入學術殿堂，並長驅直入所有社會與人文科學的系所中，而不僅限於哲學系。這就是接受傅柯學說中的強化效應與單一化效應。但這並非完全被動的效應，而是單純的散布流通：傅柯哲學進入大學校園，並沒有逃過學院哲學的要求：這是希臘的範例，希臘被羅馬帝國征服，而羅馬人卻反過來被希臘文化征服。一個捕捉的裝置在此仍強制地執行它所要求的條件；在此，一部清晰、流動的作品必須不斷地與自身進行劃分，並以此提供豐富的資源：為了成為可教授的著作，必須朝著某種**靜態平衡**（le statique）前進。擺脫主流分析與概念的大型建築也將隨之出現，而我們也將刪減傅柯的作品，特別是所有見證他與現時性關連的論著──他介入時事批判的規模──他的訪談、辯論、文章、演講、在法蘭西學院的授課內容，即所有見證運動的思維，這個思維已不斷地進行尋找、實驗、修正、重新來過，等等。簡單地說，這些「偉大的文本」還不如《言與文》；也就是說，如果你們無法透過《言與文》進行想像的話，那麼你們就沒有獲得傅柯的真傳，缺乏他那早以擴大的方式支配著我們的當下，即這個最重要的部分。

　　傅柯被一大群大學裡年輕的哲學研究者及學者們細心地「閱讀」著。但就如同其他古典或當代、尚存活或已作古的作者一般被放在了經典哲學（philosophie savante）內部的免疫空間中被閱讀：我舉個例子，史蒂芬・勒葛宏所著的《傅柯與規範》[3]提供了一個訊息：巴黎高師的年輕學者們對傅柯產生了興趣，傅柯二度走進了高等師範學院……。

　　而在此我們也看到了某種強化／常態化的傾向。然而，強化的種種效應卻可與其他的種種效應結合，即**多樣化**（diversification）、**裂解**（fragmentation）和**錯格**（décadrage，即電影放映中的錯格）。強化效應在經歷一段時間的潛伏，甚至是壓抑後將在大學的學術空間裡開展另一段旅程或另一種的遷移流動。它主要流往兩個方向，即比較具延伸意義的藝術與社會科學。遲來的接納使傅柯思想在學院（經典）哲學的教授場域裡不致成為遮蔽森林的一棵大樹：在諸如劇場、電影、當代音樂、建築、刑罰「科學」等空間中引進傅柯（積極的實踐，這個實踐連結著一個「要求」）的動作不能僅被視為邊緣現象，因為它所顯示出的乃是大學裡對傅柯的接受乃是「規畫過的」（programmés）這點（柏格森與沙特都有過同樣的經歷，學院哲學是活哲學的緩慢的消化性部署）。傅柯思想在這

3　這本書的原名為 *Foucault et les normes*，作者出身自法國巴黎高等師範學院，本書由巴黎大學出版社出版。

個時代的實際支配描繪出了一個張力場域，某種介於傅柯思想在學術類型上無法避免的疆域化（territorialisation）運動（那著名的德希達式的「後遺」〔après-coup〕，即思想的事件在學院哲學的空間裡總是與馬後砲、後知後覺連在一起）與被看成專家、門派的哲學場域外的解疆域化（déterritorialisation）運動間的張力。很明顯地，第二個運動較能顯示出這個思想在現時所造成的「效應」：我翻閱了一名巴黎高等建築學院（L'Ecole d'architecture de la Villette）的學生所寫的論文，她致力於研究「台北城的現代化：從清朝末年到日據時代——兩種不同的空間管理方法」（La modernisation de la ville de Taipei—de la fin de la dynastie Quing à l'occupation japonaise—deux méthodes différentes de gestion de l'espace），我在內頁中看到了傅柯（出現在好幾處：全景敞視監獄、對抗傳染病、空間整治……）；我讀著以前指導的博士生哈札克（Olivier Razac）所寫的「目前在監獄中遏制武器的使用情形」（L'utilisation des armes de neutralisation momentanée en prison；即提供給監獄管理員的「非致命性」武器，如目前名氣響亮卻令人悲哀的電擊棒Taser），作者目前是法國司法部（Ministère de la Justice）所屬的跨學科獄政研究中心（Centre interdisciplinaire de Recherche appliquée au champ pénitentiaire）的研究員；在他這本薄薄的書中，我很自然地又遇見了傅柯（當然是《規訓與懲罰》）。而當我閱讀一本專研蘇維埃世界的奧地利歷史學者所寫的，關於共產主義文化中自我批判儀式的書時，我又看見傅柯的身影了

（在其有關懺悔的章節中出現的是《知識的意志》，有關主體性的探討當然少不了《主體詮釋學》……）。但在此，重要的是如何不將傅柯的思想「緊縮」在校園，而是將其擴張的能力發揮到極致，移動至其他的場域、其他的學科空間，以展現出傅柯思想的**生機活力**（puissance vitale）。

我們在此也透過其作品尚未完成的性格對傅柯的影響力規模進行了測量。而這也在某種遷移的運動中繼續進行，並不斷地再創新和重新部署（redéploiement）；傅柯的著作在此也將遠離著原本應建立在全然緊鄰作者的原有意圖，遠離著停滯的文本，並重新觸動反應和那些隨著使用而詮釋傅柯的「行動者們」，以占據社會、知識界、政治場域等方式，在各種領域內不斷增生繁殖，以展現出多樣化的觀點，成為一個真正的萬花筒，一個異質性場域。在如此紛雜的接受運動中，對「一」（l'Un）的幻象（即認為傅柯的著作嚴密堅實不可分割的幻象）反而四崩五裂，而這也正是來自於傅柯思維不停的自我分化（se différencier）（德希達語）特質；至少，我們會有一系列的異質性，奇特的是，這一系列都將標上同一個姓名——傅柯（例如：巴黎高等政治學院的教授們腦子裡的傅柯，以及，2004年，由巴黎現代博物館委託瑞士當代藝術家湯瑪斯・赫雄所籌辦的「24小時傅柯」等計畫中的傅柯……）詮釋上的分裂或碎裂都在這個**場所**裡占了上風，甚至還勝過強化作用。每個人都有他自己的傅柯，同時，傅柯又屬於大家，這至少比為了

爭奪遺產而大打筆戰或彼此嘲諷叫罵好多了。每個人都以他自己的狀況進行調整：例如湯瑪斯・赫雄以劇作家的姿態重塑的傅柯印象——「68年傅柯」（années 68）的影像展；有些社會學家希望能調整傅柯現代權力的系譜，使之轉向制度社會學（sociologie des institutions）——結果還徹底走味了（如梅米〔Dominique Memmi〕的一本完全以傅柯思想為基調的書）。

因此，在所有以傅柯為主題的課程中，就要看各家高手如何以他們在自身場域裡的相繼實踐、學科慣例、問題性樣態所產生的期待來「使用」傅柯思維了。舉一個電影界不久前的例子：菲利伯（Nicolas Philibert）的紀錄片《重返諾曼第》（Retour en Normandie）。這部電影2007年出品，導演菲利伯曾在1976年擔任阿利歐（René Allio）拍攝《我，皮耶・希維耶，動手割喉……》（Moi, Pierre Rivière, ayant égorgé......）的助手，這部電影改編自皮耶・希維耶的自白，由傅柯與其他人以同樣的標題集結出版。菲利伯以「重返」（retour）這個動作所要呈現的「問題」相當特別：當電影突然闖入後，這個諾曼第鄉下農村的村民們的生活究竟受到了什麼樣的影響？傅柯對皮耶・希維耶的研究（司法權力與精神醫學權力，專家，1820年代，何謂瘋子……）在電影中被導向了某種對自我的提問。這部電影和受傅柯思想啟發的年輕學者哈札克因對新科技或權力的產品如電子追蹤腳鐐、電擊棒（規訓與控制的部署）所作的研究並沒有什麼關聯或相似的地方。這部電影可能也與一名巴黎高

師出身的學者，以傅柯的「問題性」為主題所撰寫的博士論文內容毫無任何關係。然而，在這些差異極大的研究方法與不同的傅柯思想的「使用方式」中卻構成了些**間隔**（intervalles）。圍繞在各個自成一格，但又被數條多少看得見的細線串起的使用方式旁形成了一個**傅柯公共空間**（Un espace public Foucault）——在這裡，我們見到了這位「作者」與他在學科空間或各種專業化場域的徒子徒孫們間的極大差異。

　　也就是説，一方面有點平淡無奇：每個人都在傅柯的思維中進行「採購」（faire son marché），如同進入思想的超級市場，瘋狂採購傅柯貨架上的種種產品（與採購德勒茲－瓜塔利貨架上的商品一模一樣）一般。這種情形，在某種程度上被允許，在某種程度上被「工具箱」這個詞所「授權」，而這個詞最早是在傅柯與德勒茲在他們名為「知識分子與權力」（les intellectuels et le pouvoir）的演講會上所進行的（罕見的）公開對談中所出現的（收錄在《言與文》中）。這個詞廣泛流傳，到了今天，大家都將其視為一種激勵，並歡迎多加運用。甚至，在一些著作中，連一些自己都不太確定的作者也對其進行了引用，一點都不擔心從傅柯那借用的思想是否與他們自己的觀點相容。這些「借用」的格式還持續地出現在相關作者的著作裡。

　　在這場對談中，傅柯與德勒茲都擔心他們會把哲學連

根拔起，並將其懸於感性世界上；在其中，哲學，作為理念的領域，必須冒著風險提出這類的格式——哲學，是為了使用，因此必須是有用的。在這裡，傅柯與德勒茲就像工具箱而被一些人牢牢地抓著，從中擷取他們感興趣的題材或論述，或是如同那些創意用盡的工匠以及靈感枯竭的藝術家們到處剽竊一些專業領域的無主物一般。在這個領域，「使用」（Servir）這個字無論在什麼樣的狀況下都是個很不幸的詞彙，即使是以好意之名大聲標榜——將哲學去神聖化，或是使之朝向日常生活與感性世界——也一樣。我認為，哲學應該成為機動的，即某種注定進行遷移、置換和生產的活動。因此，在遊牧（se nomadisant）的過程中，置換的效應便會出現在哲學所投入的各個領域中。不好好使用哲學，不好好使用一個活的哲學，與沒引發什麼效應的使用一樣，都是那些不用心地在「工具箱」裡多找一把斧頭，一把螺絲起子，一根螺絲釘……的人很單純的把這些東西應用在他們相關的學科領域中而已。最現成的例證是：在法國國立監獄學校（l'ENAP，簡稱Ecole Nationale d'Administration Pénitentiaire）的學生勤奮地閱讀《規訓與懲罰》的同時，建築師們正努力地繪製新的監獄藍圖一樣——這些人的努力一點都改善不了日益惡化的監獄狀況。

傅柯語彙中的「民主」
Le mot « démocratie » dans le vocabulaire foucaldien

在傅柯所著的《言與文》第4冊最後幾頁，在有關基本論
點的索引，在違法犯罪與非理性（déraison）間，在大量傅柯
式的詞彙中少了一個字——「民主」（démocratie）。在我們
這個時代，在「民主」的文字符號被接受的程度廣大深邃到宛
如能創造時代時，傅柯基本論點索引中的這個欠缺、空白，這
個轟然的靜默猶如寧靜天空裡突然發生的一記響雷。

事實上，這並非《言與文》編輯群的輕忽疏漏——
相反地，他們怎麼找，也很難在傅柯的字彙裡找到民
主（démocrate）、民主的（démocratique）、民主化
（démocratisation）……。而更嚴重的是，我們會被問道：一
個如此龐大的哲學研究，如此關懷身處時代的現實問題，對
周遭社會事務介入如此的細密與深刻，這麼專注努力的答覆
這樣的問題：「在我們的這個時刻，我們究竟是誰？」（Que

sommes-nous en ce temps qui est le nôtre?）這樣的研究著作，
怎麼會如此大膽放肆的遺漏了「民主」一詞呢？也許還更嚴重
呢：在傅柯豐富的陳述形式與模式中，無論訪談、論述或其他
的論文發表裡，他幾乎從未用過「民主」一詞，怎麼會這樣
呢？難道，他對民主一點興趣都沒有嗎？

　　傅柯的哲學研究介入對政治、社會時事的批評，怎麼可能
在**問題化**了我們的現時性，尤其政治議題上，根植了許多我們
當前現時性的爭議論點時，卻不經過「民主」這道關卡？

　　在我們所處的當前，所有的一切全然地奉獻在「民主」的
儀式裡。在這個新興的民間宗教蓬勃發展的此刻提出這樣的
問題的確會令人感到不快。近年來，傅科研究的重新編碼浮
現而出，他的學術權威形貌也前所未有的得到了強化：哲學
家，「很勉強的民主鬥士」（le philosophe « démocrate malgré
lui »）。這讓我想到了哲學研究者勒葛宏（Stéphane Legrand）
的一篇標題名為〈傅柯，民主的哨兵〉（Foucault, sentinelle
démocratique），刊於2008年2月15日《世界報》書評（Le
Monde des livres）的文章。勒葛宏因傅柯的《治理自我與治理
他人》（Le gouvenement de soi et des autres）與《康德人類學導
論》（l'Introduction à l'Anthropologie de Kant）這兩本書的出版而
寫了這篇書評。勒葛宏寫道：「我們經常責備傅柯不思考民主
議題，且更常見的是，我們對他的鄙視永不厭倦，他的授課講

稿編輯成書問世，可讓我們了解，事實恰恰相反，他是對民主
的警戒最具洞察力的理論家之一。」

　　如果還有比我更不慈悲的人，也許能從勒葛宏的書評
理解，在我們當前的境況中包藏著某種不能吸收的毒藥。
傅柯永遠是個危險與狂熱的人物，他過去被公認的康德派
（kantiens）與史達林派（staliniens）所組成的論壇批評得體無
完膚，他們打擊的焦點在於傅柯的不理性的（irrationaliste）和
虛無主義者式的尼采主義（nihilisme nietzschéen）。這樣的論
斷，幾乎將傅柯與所有的「傅柯學」逐出大學校園。傅柯著作
的重新編碼，在民主與現代人權主義的條件下，將如一曲優美
的音樂伴隨著新書出版，受到盛大且隆重的歡迎，一掃過去在
大學校園與當代思潮沙龍內的冷漠疏離。那些討厭的盤算估
量，閃一邊去吧！然而，我們談的不是被平反或被重新梳理及
刻意修飾的傅柯，真正讓我們感興趣的是被他所挑起的哲學問
題，而這個問題確實值得深思。

　　讓我們看看何諾、費希[1]與其他同夥對傅柯所發動的種種
指責。他們聲稱傅柯哲學的前提便足以使他成為民主的**政敵**

1　何諾（Alain Renaut）為巴黎索邦大學哲學系教授；費希（Luc Ferry），哲學
　研究出身，自2002年起數度入閣擔任青年部、教育部長、高等教育與研究
　部長，兩人合作出版數部著作，其中一本《68思維》（La pensée 68）對傅柯
　多所批評。——作者註。

（un ennemi politique de la démocratique）。如果傅柯當時採取的是「民主」的敵對者立場，那麼他理應為這個處於弱勢、矛盾的立場辯護，而且「民主」這個字就應該會出現在基本論點的索引中。不，事情還更加混亂呢！亂得令人不安：在他那現時性思想的狀況和他在法蘭西學院講授的《論述的秩序》（l'ordre des discours）等著作中，民主一詞都未曾出現。在傅柯將現時性問題化的諸多行動中：無論在與監獄的關係、1980年代初期波蘭的政治危機、對抗警察的粗魯行為、為廢除死刑、為司法不公奮鬥等的過程裡，傅柯的工具箱中並沒有「民主」這個器械；他不使用它，「民主」一詞在他的語彙裡就無法具體成形。而現代人則經歷著種種的「民主」洗禮；在如此嚴重的落差與對立下，劇烈的衝突也一直存在。我因此認真仔細地重讀了四冊的《言與文》。為避免無意的遺漏，整個閱讀中，經過仔細檢查，我認為「民主」這個詞從未曾以思想的操作者姿態出現。簡言之，如同一個概念出現。更「糟糕」的是，無論是對列寧式（léniniste）或莫拉式（maurrassien）[2]的「民主」，傅柯也沒有隻字片語的拒絕或激烈批評，真是個沉重的缺席。民主這個鬆軟且毫無根據的詞，一旦關係到診斷現時或定義政治立場時，對我們來說，便成了某個「有力的字眼」

2　莫拉（Charles Maurras，1868-1952），法國作家，激進民主主義的鼓吹者。

（mot puissant）。

　　而我必須強調的是，在《言與文》一書中，在有關監獄研究的幾個文本裡，我一次都沒有找到「民主」一詞。而在其中，最讓我感興趣的就是「傅柯課程」（leçon de Foucault）。在這個精采的課程裡浮現了許多問題，這個完全密封的魚缸的問題[3]，這個論述體制中的斷裂問題，這個論述類型學的異質性問題，如果不是另一個認識論的類型學的話。令我感興趣的是，一個不久前的論述體制不僅已變得無法理解，同時也是難以想像的。當我們進行論述實踐，重新使用真實的陳述生產模式時，這些「有力的」陳述便必須重新編碼、翻譯、並將這些陳述常態化，使其與具正當性的陳述、常識和顯而易見的狀況相容。最常見的是，當「民主」一詞突然出現在傅柯的論述或書寫中時，很明顯地，他乃借用了「他人」（l'« autre »），或有時是對手的用語。我在此重申，由「政治」衝突所產生的看法，令我感興趣的程度，還不如傅柯所拋出的挑戰──「批判」，也就是作為批判實踐的哲學。

　　傅柯的言論中很執拗的一點是，當他被導引至採取這個

3　作者在此引自維內的比喻，意指人們習慣在一個既定的範圍內思考，如金魚在魚缸內游來游去，但就是無法游到另一個魚缸中一樣。

或那個立場之時，他會説：「我沒興趣」（Cela ne m'intéresse pas）。就算我講的話很冷，我也會很突兀的説，「民主」一詞，傅柯**沒興趣**（n'intéressait pas）……。

裸露內心世界──傅柯傳記之不可能
Son coeur mis à nu
—l'impossible biographie de Michel Foucault[1]

　　我必須要花點時間才能識破一個陷阱，這個陷阱包含著我被邀請撰寫的文本，內容圍繞著一個表面上激動，甚至是令人驚心動魄的陳述──「傅柯與性」（Foucault et le sexe）。而一旦深入探究後，大家就會明白這其實是個必須很費力去拆穿的陷阱。

　　這個陷阱的組成物是什麼呢？其實很容易明白：要嘛，就以學院式的論文發表，提出有關傅柯在他那未完成的《性經驗史》中所作的一系列研究；對此，我已盡可能地避免受到某種操練類型的影響（閱讀這些書，你們都夠成年了，不會比我理解的更少）。要嘛，就是晃動著這條糾纏交錯著傅柯一生與

1　作者從法國詩人波特萊爾（Charles Baudelaire）的詩集《裸露內心世界》（*Mon coeur mis à nu*）所得之靈感，藉此嘲諷米勒自認洞悉傅柯的內心世界一事。

其作品的「存在」（l'«existentiel»）的線索，從而顯現出有著「玷污」之嫌的作品是來自生活，要不，從個人的私生活，或從最私密，最隱晦的角度切入。對一位學者而言，這乃是從性的角度切入研究個人私生活，即便不是直接的「性生活」。這第二個選擇，和我們所能想像的相反，我認為比第一個選擇更令人悲傷與沮喪。因此，我將再度證明這些理論的前提，並且不將其連結上任何的慾望——即觀看、求知以及從這兩面向出發進行調查研究的慾望。

因此，我也必須找到一個不讓自己緊抓著上述兩種研究方法，即上述的兩根杆子的方式；我曾經被這兩端拉得很緊，且逼著我不停思考如何將其擺脫……。但是，說得容易！我的確是處在如此的窘境中，那是當我又回想到一本至少在法國掀起滔天巨浪的書，而我又在很長的一段時間，因這滔天巨浪而刻意忽略這本書，即這本在1990年初期出版，由美國學者詹姆斯·米勒（James Miller）所寫的《傅柯的生死愛慾》（*The Passion of Michel Foucault*）。因此，我告訴自己，從這本「聲名狼藉」（mauvaise réputation）的書出發，也許可以建構一個良好的媒介，並調整我必須撰寫的文本方向。因此，我便很細心地讀了這本書的英文原著，因為由普龍出版社（Plon）所出版的法文譯本，似乎在傅柯親人的要求下，刪去了某些章節。

我要談的就是這本書，這本引發嚴厲拒斥與大聲咒罵的

《傅柯的生死愛慾》。事實上，一本廣義的哲學著作會成為各方抨擊箭靶的這件事在法國都十分罕見。例如，第一本傅柯傳的作者艾希邦（Didier Eribon）為了反擊《傅柯的生死愛慾》法文版的問世（法文版的書名比英文版來得更為震撼）[2]，出版了《傅柯及其同代人》（*Foucault et ses contemporains*）曾以大篇幅的書寫對詹姆斯・米勒的講法進行了駁斥。

「當他們將這本（米勒的書）拿給我閱讀時，我感到相當震驚，傅柯所有的知識歷程，已由他那『極限－體驗』（l'expérience-limite） 的這個公開的品味所詮釋。他所有經過破解的思想，宛如『自傳性的譬喻』（allégorie autobiographique），其中盡充滿了自我實驗。那裡有許多帶著一流文筆的遮蔽，性虐待與被虐的衝動，還有死亡的迷惑。傅柯的一生，他的作品，他的書籍，他的政治介入等，猶如夕陽餘暉中的一道光芒，被那斷斷續續的瘋癲劃上一道道晚霞；對自殺無止盡的尋尋覓覓，最後終於走上恐怖的極致——愛滋病——米勒因此還很大膽的問道，這難道不是他所執意選擇的嗎？」[3]

2　法文版書名為《激情傅柯》（*La passion Foucault*）。

3　《傅柯與其同代人》（*Foucault et ses contemporains*），1994年，Fayard出版社。——作者註。

在《傅柯與其同代人》中，面對米勒的作品，艾希邦總是顯得義憤填膺；他用了各種尖銳的筆調攻擊米勒：他説米勒所進行的乃是某種約減與簡略扼要的部署，用某種「解釋」，經由其素樸的悲劇人生，説明了傅柯的整個知識的歷程。他控訴米勒膚淺的觀點沖淡了傅柯的作品在哲學上的重要性。艾希邦駁斥米勒收集了傅柯所發表的諸多文本，並應用了那些最為人所不齒的諸多聯想，從同性戀動機、性虐待／受虐、瘋狂、死亡本能、自殺到納粹主義，累積了所有的曲解。他同時也指控，米勒運用種種論證的意圖更在於使「法國理論」（French Theories）在北美知識界的信用掃地。

簡言之，艾希邦定位「米勒的書，是本狂亂的小説，梟雄寇仇的神話，自然而然地與美國品味交會。傳記在此成了某幅雄偉的壁畫，由心理學、病態、悲劇、性、噪音與狂怒所構成。」[4]

艾希邦的猛烈抨擊也替法國接受米勒這本書的態度定了調；這本書不但在傅柯研究的圈子裡成了某種宗教式的「裁決」（fatwa），且所有傅柯研究的流派也幾乎對這本書進行全面杯葛，並進行法律追究。事實上，我們在此乃觀察到了某種不尋常的現象，非常難得，實在奇特，而且還很激烈粗暴地

4　同上。──作者註。

以某種自動的反效果激起了學者的好奇：米勒的書到底包含了
什麼成分，能如此具爆炸性，並激盪出如此大的憤怒和圍剿儀
式？

　　然而，大衛‧哈培林[5]其實比我更適合談論這個議題。在
英語世界裡，米勒這本書所受到的評價反差很大，但總體而
言，還是正面居多：大衛‧哈培林很討厭這本書；在他所寫的
《聖傅柯》（*Saint Foucault*）一書中，有個很長的篇章便是用
來表達他的這種厭惡，但其他人，而且還不少，對米勒的書抱
持著正面且肯定——如艾德華‧薩依德（Edward Said）就是
一例。

　　在艾希邦對米勒棍棒交加的抨擊中，有些事讓我覺得不是
很舒服。首先，他站在了某個裁判者的立場，自認是所有傅柯
的傳記中，最具參考價值的作者。他以這個頭銜對米勒發動
攻擊，字裡行間完全看不出他對競爭對手有絲毫的寬容（在
《傅柯與其同代人》中，他筆鋒一轉，還指控了第三本傅柯
傳的作者大衛‧馬西〔David Macey〕剽竊了他的文章）。其
次，艾希邦以他所堅持的合理性極力防衛（事情其實沒那麼單
純，熟悉內情的人都知道）；作為唯一一本由傅柯親自**授權**

5　哈培林（David Halperin）為歷史學家，美國酷兒（queer）理論家，他以對
　　古典時期的同性戀研究著稱，論據多採自古希臘哲學家柏拉圖的著作。

（autorisée）的傳記，換句話說，他可能會透過傅柯親人、好友等人的同意而展現並保證這本傅柯傳的「科學性」——即一本「負責」和「正確無誤」的傳記，而藉由與米勒所釋放出的魔幻凌厲（gore）對抗，更能顯示出他的立場「正直」。

在理論上，一個研究工作必須是不偏不倚的；首先應陳述傅柯在法國的知識與文化上的重要作為，尤其是他那居首要地位的學術與文化工作。因此，它所呈現的應是作品的理論面向。然而，在傅柯的生活與哲學研究互相纏繞糾葛的狀況下，這種面向卻成了艾希邦所謂的同性戀的「確切所在」。更明確地說，根據大衛・哈培林的觀點，這個**中庸的**（moyenne）立場、道德、謹慎與廉恥在表面上會比品質與原創性帶來更多的保證。說到底，在艾希邦對米勒的指控中，最令我反感的是他那泛愛國主義的調性：他以捍衛者之姿衝鋒陷陣，在他的描繪下，法國的哲學與智慧簡直受到大西洋彼岸的蠢蛋恣意糟蹋，而那個蠢蛋根本毫無能力寫這個主題。

艾希邦所點燃的攻擊之火尤其缺乏幽默感；他的攻擊，事實上，來自某種很堅實的**持有者**（propriétaire）本能。他與書寫對象之間的關係甚至到了這個對象好比是屬於他的資產一般；他完全沒有看到自己所顯露出的荒謬。表面上，他的立場如**護廟僧**（gardien du Temple）一般——但究竟是哪一座廟呢？至於大衛・哈培林還蒐集了許多美化傅柯傳記的資料——

他的《聖傅柯》一書中還有著相當程度劑量的幽默感，我希望
有一天，哈培林能告訴我們，他是怎麼看待這個問題的。

回到米勒的書本身，這個相當怪異之物；作者的立場經常
在學者與記者之間擺盪游移，這是一本散文體的傳記，雖然力
求嚴謹，然而，在許多篇章中的那種文藝愛情悲喜劇的劇情起
伏，甚至已到了過分浮誇的地步，這卻不是作者真正想要的，
我們可以感受到米勒對傅柯研究的雄心大志，但他那浮誇的文
字、庸俗乏味的詞彙、語言使用的錯誤與一些胡謅的片段使作
者的抱負與書寫內容間的落差在這部作品中猶如一道鴻溝。因
此，伴隨著無意中出現的可笑舉動，這麼一本怪誕滑稽的書也
被製造了出來，以致艾希邦無法忍受（臉上三條線）。基於對
一位偉大人物的無限崇敬與曾經那麼接近的角度， 我認為艾
希邦這種姿態，會比米勒所化身的藝品店裡賣的陶瓷大象還要
滑稽。

事實上，米勒的規畫和論據都是十分巴洛克式的
（baroque）：例如，他劈頭就宣布這本傳記並非一般意義上
的傳記，而是對傅柯「想像物」（l'« imaginaire »）的深入研
究。米勒還在1995年法文版的序言裡，再度重申他對傅柯的想
像傳記立場。他描述傅柯不停地努力讓生命貼切尼采的哲學，
「成為當下的自己」（devenir ce que l'on est），並「使他的生
命嚴格符合他的思想」，且由於這本書的觀點集中在「瘋癲、

死亡、罪行與性」（folie, mort, crime, sexualité）上，所以傅柯的想像當然會表露如異端邪說或群魔亂舞一般。本書主角的一生，在不同的篇章與情境中，不時映照著米勒非常執意的「瘋癲、死亡、罪行與性」。在米勒的詮釋下，由於一股難以平息的死亡激情、魔幻呈現與對犯罪與性愛儀式的極端品味（特別是S/M），傅柯的哲學研究便如同大理石碑文的正面一般，折射著所有可怕的想像光線。

因此，艾希邦與哈培林認為米勒很明顯地傾向虛構的這個觀點其實並不全然錯誤。換句話說，如果作者在他所寫的偵探小說中扮演著偵探的角色，如果我們所要參考的是更為古典的作品的話，那麼，這將無異於傳統黑色小說所展現出的驚魂記（tale of terror）。相反地，關於米勒這個奇異規畫的評價，我則完全無法同意艾希邦的論點，他的評價完全是憤怒與充滿教訓意味的批評，帶著受到「傅柯之友會」（Société des Amis de Michel Foucault）委託而展開批評的架勢。與此完全相反，我則認為傅柯是一個相當難以捉摸的人物（這是杜梅齊[6]的看法），神祕、性格多重、飄浮不定；他在研究工作上奮鬥不懈，以致生活與「作品」間的關係糾結難解，以便能完全位於

6　杜梅齊（Georges Dumézil，1898-1986）為法國語言學家，法蘭西學院院士，其主要的研究對象為印歐語系的宗教和社會，精通三十幾種語言，曾發表多篇比較古典神祕宗教的文本。

死亡之境。我認為，死亡很**恰當地**（justement）陳列在冒著被攻擊危險的位置，專研傅柯學（foucaldologie）的佛汀格教授[7]式的攻擊，這種魔幻式的攻擊，我看不出如何能傷害他的名譽……。另外，還有這個關於信譽（honorablité）的問題，我很坦白地說，米勒在這點上是有理的：我們至少可以這麼說，傅柯從不追求成為受人尊敬的人，也從未朝這方面進行，而更傾向於那些閱讀《新觀察家》周刊（Le Nouvel Observateur）的資產階級同性戀口中所謂的「惡名之徒」（Hommes infâmes），而艾希邦就是在這個周刊中發表他那些粗暴的批評的。

　　而在米勒的預設中所充滿的尖銳矛盾也是這本書很吸引人的地方。他並不全然著重表現其重建生命或作品的歷程，而是在致力重構一位精神焦慮者（psyché uncanny，這個字眼不斷的出現在他的書中，即佛洛伊德所稱的「陌異感」〔Unheimlich〕）的這點上，自由發揮他的解析能力，毫無限度地收攏所有的癥候與所有的「特徵標記」（emblématique）。米勒是一個身手矯捷的獵人，他會偵測所有可疑的跡象，以確認他要追捕的究竟是哪一種狂怒的野獸。然而，另一方面，當他自我審視已掉入了某種**主觀論**（subjectivisme），即他自己所製造的那些他為了「證明」而需要的跡象時，他又開始大驚小

7　佛汀格教授（Dr. Foldingue）為湯姆・謝迪克（Tom Shadyac）執導的美國電影《隨身變》（The Nutty Professor）中的主角。

怪，並讓我們遭受到某種實證主義的巨大危機了：事件，就是一些事件，米勒說：「即使是最尖銳的批評，都不能消解我所敘述的重要事件！」或者還有這種的：「畢竟，我已試著說實話了。」（Above all, I have tried to tell the truth.）舉個例子來說，米勒在這本書第的十章提到了一段應該是傅柯與他在美國加州柏克萊大學的一個同事的談話；在其健康遭受到小意外後不久，傅柯在其中觸及了生命與死亡。針對這次的訪談，米勒後來的判斷似乎嚴重了些，從他的敘述中我們可發現某種典型傅柯式的嘲諷色彩：「還有什麼比為男性之愛（指愛滋病）而死更美的嗎？」我們從這個句子裡的括號便可以想見米勒所受到的吸引：某場死亡與性的婚禮，自我的歡愉與焦慮擔憂——簡言之，這屬於傅柯晚期研究的相關問題。如果我們繼續閱讀米勒的著作的話，終究會發現一個遠古的傅柯，古老得無法追憶的傅柯，濃縮在一個簡短的句子裡！另外，米勒在《傅柯的生死愛慾》法文版的前言中又回到上述的句子，他寫到：「為了證明的需要，我們必須承認（sic！）這個句子是正確的，傅柯真的說過這些**我所轉述的話**（je lui attribue）……。」而在前言的另一段中，同樣的陳述則是個「玩笑」，而我們也由此認識了這兩段文字間存在著多麼大的差距；一個前後不一的寫作系統，毫無邏輯，又總是在學術與記者的規範間左右擺盪；有著「詩性的」破格，又有著對權威學術論文的要求。這本書同時具有這種種令人無法忍受的特性，和某種荒唐滑稽的魅力，而使得它的特質無法依單一類別進行區分。

再回到爭議之初有關**權利**（droit）的問題：在這個問題
上，我看不出從哪一點一位作家可以反對一個自信滿滿的業餘
愛好者為當代哲學家立傳（相反於破壞名譽的行為，此人還懷
抱著責任或善意），況且，這位作家還以此作為他的遊樂場、
實驗室，並隨興所至地展現他的魔幻文筆。哲學家並沒有比國
王、聖人或民族英雄來得更為優越。在我們所處的這自由與理
性的社會中，哲學家基本上乃是不容許侵犯的。畢竟，每個人
仍舊是自由的，並可以米勒的感覺閱讀或瀏覽這些著作。而在
無論是否被米勒說服的情況下，米勒**首要**呈現的是與《規訓與
懲罰》一開頭所描繪的達米安（Damiens）所遭受的車裂極刑
相呼應的這傅柯對刑求、罪行、死亡與暴力的迷戀。因此，隨
著米勒這本書的法文版出版而來的道德譴責，在我看來，不但
很不恰當，且令人疑惑。由此觀之，米勒基本上還是有理的：
如果傅柯堅持建立自身與其著作間的某種關係，並以此作為某
種權威的但書的話──那麼他就不會花上一大段的時間為其
自身的**可尊敬性**（respectabilité）辯護，特別是在1970年代初
期，為那些「無法辯護」的因素（即那些「無可救藥」的囚
犯，那些參與革命的伊朗教士和加州三溫暖的使用者，那麼他
也應不會公然地與同志在一起，甚至公開參加《性吟步伐》
〔Gai-Pied〕雜誌的活動等）辯護。而且，在對1792年9月的大
屠殺予以正面肯定評價，並以高雅的論述說出這嚇人的「合理
的要求是磨練」的話之前，他應該稍作考慮。

　　我認為，米勒憑其所好對傅柯的自由發揮是有策略的。他這樣發揮文學實驗材料的這點是他那怪誕規畫的預設條件。然而，怪誕至少是個美學上的分類，某種既非道德也非覷睥的分類。

　　米勒的這整本書是由某種命定論所逐漸轉變建構而成的。理念是取之不盡用之不竭的古代智慧；根據這些智慧，哲學乃是某種生活模式，某種勝過於對理論進行吸收轉化的生存管理，某種將論述與理念落實為信仰，甚或將哲學家的隱私及種種祕密的聯想扣連到「他的生命」（sa vie）中最為隱晦之處的生存模式。換句話說，這就是他的私密構成，他的習性、愛好與隨之而來的行動。而根據這種不容質疑的軟道理，哲學家的「理念」也經常地展現在了他所安排的生命進程中，且這個不會比書寫建構更來得有瑕疵的基底，基本還是比米勒所構置的解釋機器小多了：米勒的這個解釋機器把所有的文本、形勢性的宣言或評論所集結而成的書籍都看成了某種「生命的記號」；換句話說，在其中必定保留著某些跡象、徵兆與提示，而我們只需去汲取並集合所有有用的元素，以釐清他這個人的「神祕」，辨識他那特別令人刺激的「守護神」（daimon）就夠了。因此，他的《瘋狂史》便成為了「某種歌頌愚人的酒神讚詩」（a dithyramb in praise of folly），換句話說，僅是一本偽裝的自傳，某本在其中我們可見到傅柯與他自己的瘋狂進行搏鬥的自傳。此外，瘋狂也將永遠只是種「小死亡」

（petite mort），某種道德或社會的死亡。在其中，傅柯還熱愛瘋狂，以至於背叛了他對死亡癡狂迷戀。而每當傅柯以同樣的方法展現出他對薩德伯爵（Sade）所抱持的興趣時，他只能背負著薩德式的幻覺，且非自願地顯露他那虐待狂的衝動；每當他研究尼采時，他就背負著尼采式的假設問題，在米勒的這本書中不斷重複：「我究竟是如何成為我所是的？且為何我從我所是之處獲得了這麼多的痛苦？」無論在哪個篇章中，這個詮釋學上的雜亂組合總是很冒險地將偵探放置在了某個最奇特的場景裡，而這正是最為奇特和關鍵之處，並藉此可讓我們發現一位當代哲學家的最大祕密（有點像以風格著稱的《大國民》〔*Citizen Kane*〕片中的「玫瑰花瓣」）。米勒行使書寫權利所使用的樣態有時還很失常：例如，他還採用了傅柯曾在一本書中提及的中世紀的**神諭仲裁**（l'ordalie）， 那不但是傅柯探討真理制度的參考，而米勒也藉此顯示了他的偵探功力：你們看吧，我們的主人翁對酷刑、極限的經驗，永遠是那麼地熱血沸騰。中世紀的神諭仲裁和1980年代加州的三溫暖，在米勒的眼裡，都是出自同樣的原因和同樣的戰鬥。

因此，由米勒偵探所架構[8]起的情節在此成了某種令人沮

---

8 這本書全部包含在了岡茲堡的《神話、標誌、痕跡》（*Mythes, emblèmes, traces*）一書所描繪的「指示型知識」（connaissance indiciaire）的巨大典範中。
　　——作者註。

喪的單調：根據其癥候的價值、軼事趣聞、八卦披露，由經過選擇的引述剪接，逐步地引導著我們走向他所精心建構的主題──兩個圖像在此結合，掀開了傅柯最神祕之精華所在：死亡、童年的場景；對米勒來說，正是這童年的場景形成了精神官能症、幻覺、情緒劇烈起伏等心理生活的主要依據。由此觀之，米勒的散文能力應勝過小說，甚至到了「電影」（film），即某種紙上「影片」，某種由蒙太奇所創造出的連續性印象或某種完全的異質性的程度。而我最大的遺憾是，至今尚無膽子夠大的好萊塢製片將這個異常獨特的激情改編至銀幕……。

這本書唯一的「電影學」（cinématographique）性格在於：於1970年代後期的某一天，傅柯在他位於巴黎第十四區的住家附近被一輛車子撞倒。這個車禍被米勒描述成了某種命定的「經驗」，因為在其中，傅柯說他已看見了自己的死亡，且他看到的不僅是死亡與恐懼的聯結，還是作為「在所有極限外的極限」（limite d'au-delà de toutes les limites），而這也意味著死亡乃連接著某種程度的樂趣。他說，傅柯曾以習慣性的嘲諷評論這起意外：這是我最美好的回憶之一。他還說，這不過是映照了盧梭（Rousseau）回憶中的年輕歲月，即盧梭在《一個孤獨散步者的夢想》（Les rêveries du promeneur solitaire）中所描述的那件相似的意外。而正如我們對他的了解，米勒是不會滿足於一而再、再而三地強調這些意外事件，以清楚地展現傅柯

對死亡的某種病態的迷戀的：但儘管如此，他還是要進一步地直接加上「見解報導」（reportages d'idées）這幾個字；事實上，這所指的是傅柯在同一年代所進行的某項報導，即在巴勒維政權（régime du Shah）垮台時，傅柯為一家義大利報社所作的相關報導。在這些報導中，傅柯凸顯了伊朗人民犧牲奉獻的精神；在其中，他們赤手空拳抵擋坦克與機關槍，死亡之恐懼全然缺席。尤其，這樣的行動與精神在紀念暴動殉難者的大型集會場合中展現，因此，這兩個完全異質的場景才會被米勒劃上一條連續線，一條由專斷所構成的連續線。在這條線中，不變的是滿溢偏執的死亡衝動，米勒試圖由此解釋傅柯一切的生活與著作，而這事實上已不是解讀，而是用斧頭劈開作解剖了……。

　　而這個方法也正如一本上乘的偵探小說般，在最後一頁，**所有細節全都交代解釋得一清二楚，沒有任何的疑點**。例如，人們會自問，為什麼巴黎高師時期的青年傅柯會在某一天的某一個夜晚用剃刀割傷了他的胸膛？人們也許會很單純地以為，這與傅柯的同性戀處境有關，在那個戰後的年代，還有他那脆弱的身體……這是多麼可笑的解釋啊！到了這本書的最後幾頁，米勒還引用了葛理貝[9]的「告白」，而正是藉此，我們

9　葛理貝（Hervé Guibert, 1955-1991），法國記者、作家、攝影師，曾與傅柯交往，著有多部書寫同志之愛的小說，1988年檢驗得了愛滋病，而他也

也終於來到解謎之鑰所開啟的那「可怕的透視場景」（terrible diorama）了：有一天，兒童保羅—米榭爾（Paul-Michel）因外科醫生父親的帶領而親眼目睹了一場截肢手術——切割器具、閹割的幻覺等帶給了傅柯無法治癒的創痛、恐怖與病態般的迷戀。我絕不誇張，這些全都寫在了米勒的書中——其中還有一些我沒時間長篇大論延伸的滑稽情事。誠如大家所知，「一切都有根據，一切都解釋的很清楚」是蠢蛋們的哲學之一，這種哲學市面上已經很多了。總之，這種哲學可讓作者在這個無限分散的領域周邊畫線，並以傅柯之名建構出某種聯結的軌道。這個奇妙的圓周將指向著那被畫出或被揭開的身分，將指向那得以穿透其哲學的瘋狂——米勒筆下的傅柯，甚至還有點像那在其診療台上暴露自身歇斯底里的祕密的夏考特（Charcot）。

我們的這位「我絕不會搞錯的」（on ne le fait pas）傑出的診斷師拆穿了傅柯的計謀；當傅柯在《詞與物》一書中「濫用」了那令人肅然起敬的男性觀點，人類偉大傳統的寶藏之時，沙特便以**同樣**，以正好同樣的方式進行了更新，正如皮耶·希維耶這個具懾服力的殺紅眼的男子一般，他對其他的孩

在一本小說中對此進行了坦承。葛里貝在生命的末期運用攝影鏡頭呈現垂死前的身軀，這部名為《知恥或不知恥》（*La pudeur ou l'impudeur*）的電影曾於1992年1月30日在法國電視台播放。

童的殘暴便被視為了往後拿刀弒親的前奏曲，**以同樣，以正好**
同樣的方式，正如「皮繩愉虐場景」（scène cuir）中的演員與
其他施虐／受虐（S/M）的參與者一般，他理應贊同並進入輕
柔的刑求……一切似乎都是這麼的順理成章。

　　面對這樣的現象，「錯誤」（屬於另一種過度，即道德的
征服者）包含了將蠢蛋的哲學視為某種必須不計代價加以攔
阻、壓抑、制裁甚至是報復的對象。就此，米勒的書也在法國
光榮耀眼的舞台上贏得了危險物品的這個聲譽。而事實上，
它是絕對不夠格的。與此完全相反的是，我認為這個愚蠢（la
bêtise），如陽光燦爛般地荒唐，唯有布瓦德與貝可謝[10]可將其
升格為偉大的紀念碑。我們都知道，這個愚蠢將迅速地把它所
有它無法理解之物稱為「瘋狂」（如米勒所為）。而我們也更
應對這種愚蠢的完全擴張進行認識，因為它其實比悲劇更歡
樂；在它多樣的光澤色彩中，愚蠢其實也是某種「生活」。由
此觀之，米勒的書是齣真正的笑鬧劇（la rigolade），因為書中
所充滿的其實是某種真正的喜劇脈絡（非自願的）：鰥夫與寡
婦都感到痛苦與憤怒，他們將頭像拿來焚燒，因愚蠢而自設圈
套，忽略了愚蠢在表面上同時具備歡樂、無憂無慮且沒有攻擊

---

10 布瓦德與貝可謝（Bouvard et Pécuchet）乃是法國十九世紀小說家福樓拜
　　（Gustave Flaubert）小說中的丑角。

性（當然，這並非總是如此，但米勒與戈柏[11]的愚蠢，我必須
很明確地說，是難以估量的）的這點。總之，我大膽地期待，
生命中的情事會有其他轉向，而這本書如果在傅柯生前出版
（他最後的時刻）的話，他應會感到非常開心，就算提到他的
那些荒唐事，也會讓他開懷大笑，傅柯向來喜歡開懷大笑，爆
笑是他哲學生活的傑出見證——這種笑的方式，精確一點，應
該是某種無以名狀的哭泣－有點像卡爾‧克勞斯[12]或柯特‧屠
克勒斯基[13]的味道；比起哭泣的氛圍，笑，是面對磨難毀損時
肯定生命力的一種姿態。而將我推向這個立場的是信仰，是在
全然異質的藍圖上對生命和文本的信仰。如今，我們得以輕易
地觀察傅柯研究的高密度成長，對其作出評估，並與傳記的意
外所帶來的評價保持距離，但別忘了，文本還有自己的生命，
即某種得以完全自外於加諸在哲學家傳記上的權力意圖，某種
得以完全自外於米勒所架構的這種滑稽風格的生命。

　　而無論如何，就算像我這樣不妥協的人都不會重複這樣的
話：米勒將傅柯緊扣在他的羅網裡，他完全有權成為吃麥桿
的驢子，他那難以勝任的哲學素養必須盡情地揮灑，並將他

---

11 戈柏（Joseph Goebbels，1897-1945），德國第三共和時期的教育與宣傳部長，
　是希特勒的親信。戈柏的名字至今仍與言論煽動操弄群眾的技術連在一起。
12 克勞斯（Karl Kraus, 1874-1936），奧地利小說家。
13 屠克勒斯基（Kurt Tucholsky, 1890-1935），德國記者、作家，經常以不同筆
　名發表作品，他是德國威瑪時期重要的作家之一。

的人質綁架到底；在其中，哲學家的生活與工作都必須絕對
成為非宗教性的物品，並在所有輿論的穿堂和全球文化的支
柱上，盡情展示和使用。我的意思是，米勒絕對有權累積曲
解，並將其運用在他的著作裡；他絕對有權將《瘋狂史》視為
某種非理性的頌歌以及傅柯贊同自身瘋狂的（pro domo）的
辯護詞；他絕對有權混淆海德格的「向死存在」（l'« être pour
la mort »）與傅柯關於主權力與生命政治的「令其死」（le
« faire mourir »）和「任其死」（le « laisser mourir »）；他也絕
對有權相信傅柯在《規訓與懲罰》中力主所有的刑罰消失，就
如同他極力主張讓所有精神醫學的部署消失一樣。關於傅柯，
米勒絕對有權蒐集因疏忽或無知產生的差錯，並對這些差錯
大書特書。但無論如何，米勒的書真是一部庸俗（kitsch）鉅
著，就如同在這本書中多處出現的，他那不可思議的自以為是
與按捺不住的**誇張矯飾**（pompérisme），我們還真的有權毫無
顧忌地笑個沒完沒了。

　　庸俗的標記經常出現在米勒的這本書中。它事實上提醒著
我們，在一個與其看清真相而毋寧嚴厲的樣態上，哲學當然，
而且也應該恆常是某種對所有人開放的領域。我的意思是，
即使哲學是某種獨特的鍛鍊，這個鍛鍊也應較少要求形式上
的稱謂，而更多地對某種認真、謹慎，某種永恆的「反思」
（Nachdenken）、苦行修練、艱苦忍耐和謙卑進行要求，以達
中肯的使用和恰當的方法實踐──上述的目標都是為了避免在

這本書上所不斷出現的自吹自擂而設的。因為米勒替自己訂下了某種說不出道理的野心，《傅柯的生死愛慾》便成了一座非自願的媚俗古蹟；在其中，作者跑得太快了，他無法駕馭他所假設的主體（他，作者）與客體（傅柯、人物、哲學家）之間的關係。我們還可看到幾個顯現在美學場域的那一方面受到媚俗支配，一方面失去對主體和客體的掌握的例子。在〈1968年5月〉的這一章中，米勒寫道：「在1968年5月，主要的『關鍵議題』事實上已縮減成了一句口號：『耍酷！』（Soyons cruels！-be cruel！），在巴黎索邦大學的牆上噴漆的人也許讀過傅柯，也許根本沒讀過。」

　　首先，68學運的核心動機是我們想要問的所有問題──權力的問題、解脫桎梏的問題、革命的問題、平等的問題──但是，這全然不是「耍酷」。在那個年代，知識分子、學生都讀薩德，但薩德卻並非運動的主要啟示者，他的啟發仍舊沒有超越尼采。大字報是某種陪襯運動的詩歌與抒情小調，但卻並非對某個計畫或指示的傳達或發表。米勒顯然無法理解運動期間，大字報在人們眼裡所扮演的角色。當時，大字報在人們的眼裡並沒有占太多的分量；自由「言論」（parole）如百花齊放，大字報貼滿了整面牆壁都是，簡單地說：因為必須在傅柯的事件與哲學（生活）之間建立某種錯綜複雜的狀況，因此我們便須製造這個純然媚俗的句子，這個純然非自願的胡說八道（nonsense），並替這個錯誤的翻譯「耍酷」──或應該說

「Let's be cruel!」，而不是「Be cruel!」——背書。在1968年5月不斷地暗示與解釋的核心動機整個在米勒矯情的翻譯裡消失了。而特別令人注意的是，媚俗得以湧現的此刻正是學術書寫已到了油盡燈枯之際，必須由「新聞式寫作」所取代的當下，而在今天，正是這種新聞式的書寫還可允許這種荒謬但具裝飾作用的浮誇之花——也許在巴黎索邦大學的圍牆上噴上這個句子的學運分子已讀過傅柯的著作，「除此之外，也許就沒有了吧！」媚俗所絕望地掩飾的乃是論證或推論的瓦解，以讓某種浮誇的風格效應達到「定型」（faire genre）的目的。而米勒這本書的主要問題之一就在這裡：新聞式寫作已將所有極端過度和許可的浮誇之物給重新放回了學術研究場域，並使其無限奔騰。

請看以下的句子：「如果他在過去曾期待他的對手們死亡的話（戰爭期間，躲在波提耶〔Poitiers〕[14]的猶太中學生，但是沙特可能也一樣，既然傅柯所有的智識抱負皆被米勒引入了某種頑強的念頭，即：「擊敗沙特！」之類的話），那麼，在生命的最後關頭，傅柯所期待的便是他自己的死亡，這並非不可能。他想讓自己與一個他早已知道會被定罪的社群的命運緊緊相連。當然，他也老早知道四十年前波提耶的猶太人的遭遇（啊！是嗎？真是未卜先知啊！）1983年秋天，他是否到了舊

---

14 法國中部的城市波提耶乃是傅柯的故鄉。

金山的三溫暖尋找他的死亡？也許，他曾想要品嘗放蕩狂亂，在這個帶著些許自殺意味的動作中，有某種損害最後輕輕地掠了過去：他的生死愛慾與最後的這汙名化的災難。然而其愛慾激情的邏輯卻十分怪異；他也許是受到瘋狂推促而直至悲劇的，而這個災難也許也是適當的。」

　　事實上，正是這個「也許」（peut-être），這個問題的核心，作為新聞寫作與「博學的」（savante）書寫的問題而在此呈現了出來：這不僅是文筆的效應，即各種荒謬的「也許」與「強而有力」的戲劇性詞彙的使用－死亡、損毀、激情……這些主要的關鍵字帶來了某種震撼：實際上，米勒以性—犯罪—死亡的這種風格作為書寫策略，並用這種方法閱讀傅柯。他對傅柯的閱讀就像一個小孩閱讀一本從父母的書架上偷偷取下的情色小說，或與他的夥伴們一起觀看有線電視台的X級電影一般。米勒好像對傅柯孜孜不倦地研究的精神醫學史，刑罰制度考古學、監獄考古學、權力部署，治理理性史、規訓部署、安全機制和古希臘羅馬的道德哲學等龐大的工作全然不感興趣，好像傅柯一生的哲學研究工作可以約減為他所稱之為的人物的「想像」狀況，或換句話說，他的幻覺與躁動一般。

　　顯然，米勒對**哲學研究工作**沒有絲毫見解。如果我們試著接近他的觀點，接近他所致力的哲學生活，或某種對哲學問題、時事與過去的雙重問題的轉化研究的話——那麼，這與建

構一部作品或自視為作者根本上是兩回事。米勒對傅柯所研究的領域並不感興趣，因為他看不到其中的重要性。對此，他用「小說」，甚至是我認為的「照片小說」（roman photo）取代這位當代哲學家的生活——這位非常晦暗齷齪、相當恐怖與下流的虛構人物名為「米榭·傅柯」（Michel Foucault）。事實上，在閱讀的過程中，我們便可明顯看出這個不可言明／不可告人的鏡像遊戲，這面鏡子在米勒所想像創造的「虛構」（fiction）傅柯與他自己，即虛構小說的作者間互相映照。米勒經常強調傅柯那虛構的自傳性而非哲學的特性，但我要說的是，這並不是這位美國自由主義中產階級以非自願的方式撰寫他自己的虛構自傳——他那淫穢的傅柯無疑不是他自己的海德先生（Mr Hyde），即他獨自擁有的海德先生，他那隱藏在引起軒然大波的傳記中的不可告人的自傳。因此，米勒將以某種豐富充沛的魔幻配置構築出一個後浪漫主義、新惡魔，無法抗拒地接受惡之吸引，或更極端地說，《咆哮莊園》（Wuthering Heights）「海斯克里夫」（Heathcliff）式的惡魔人物；在其中，某位歐陸哲學的海斯克里夫深深地著迷於性、犯罪與死亡，猶如悲劇英雄艾蜜莉·布朗緹（Emily Brontë）纏繞在愛情、復仇與處決的糾葛中一般。關於傅柯在得知患了愛滋病後仍繼續到加州的三溫暖的這件事則凸顯了這種未受保護的性愛。最後，圓滿完成了人物表上的死亡天使、黑色浪漫，薩德文學所帶來的亢奮作用等的傅柯更是賦予了米勒在戲劇與虛構故事上的種種假設性價值，並最後將大眾帶向某種飄散

著香水味的結局──性、罪行與死亡最終也在某份梅菲斯特（méphistophélique）式的盟約上按下了它們的手印。而也正是在此，這本書很明顯地鬆動了新聞寫作的體制：即這個哲學家散播愛滋病的故事很明顯地是作者要賣給讀者的獨家新聞。

　　當然，傅柯的圈子為此而磨刀霍霍，不過，由艾希邦帶頭的多數評論者的憤怒言論還是讓我感到稍稍不快：他們只關注名譽汙衊，而不提哲學問題：傅柯如此卓越的哲學家，怎麼能背負如此卑鄙的行為的罪名呢？光這樣的問題就夠令我反感了。事實上，一個「偉大」的哲學家即是具有某些特殊優點的人，一個極其優秀的人，因此其與生俱來道德成分便得以使他對抗這類型的卑鄙。然而，更確切的說，我們都知道，二十世紀西洋哲學困擾煩人的問題之一就是被概括在「海德格問題」（question Heidegger）內，孕育概念與提出哲學思想上的「最傑出者」，與在政治與道德哲學上的最低劣無恥者共同存在的可能性。我執意提出的這個意見並非涉及傅柯，而是與「大哲學家」的高道德的這種自動聯想（automatisme）息息相關。這些德高望重者所規避的哲學問題，其實是：論述的思想家首先便是論證的形式與規律；1980年代初期，傅柯發現了首先出現在美國，而後感染整個歐洲大陸的新論述，即所謂的「同性戀瘟疫」（la peste des homosexuels）的這個幾乎全面打擊了同性戀族群的神祕之惡的問題。而作為論述分析的治療師，而非生物學家、流行病學家或醫生，他將順勢為這

個現象提出診斷，而這個診斷應出於某種論述性真實（réalité discursive），而非**醫學、流行病學與生物學真實**（la réalité médicale, biologique, épidémique）。他所要診斷的是某種新論述的出現與大量增生，相互衝突的新陳述、長期策略與短期謀略、實踐效果調查和成形中的部署配置者等。而正因為傅柯之所以為傅柯，換句話說，同性戀哲學家，所以他也會在某些懷疑上進行診斷，而在其中，這些瘋狂的論述、罪行的論述、性的論述不應參考一個已存在的對象或一個自然的實際狀態，而應在一個正在產生的要素上進行實踐——例如，認為同性戀乃是必須被監視並與之保持距離的危險人物的印象生產等。我們必須在思想，特別是傅柯的思想，在他一生哲學研究（尤其是瘋癲史、下流男人誌、皮耶・希維耶、知識的意志）的規律性與邏輯思考上，緊緊地扣住這種考驗（事實上，這不僅是個「考驗」，還是個「磨練」）；面對這個考驗——即愛滋病現象初期的那不可避免的糢糊，傅柯率先提出問題：這個現象究竟位於何種程度的**真實**上？他所有的思想活動皆使他對此進行了裁決和提問：**論述性**真實永遠站在第一線；對傅柯而言，這乃是些位於「瘋狂並不存在」（la folie, ça n'existe pas）的已知條件下，相當複雜難處理的對象，但這卻只不過是最後的結果，即在論述**邏輯**上所必須加以注意的：注意，論述絕非本體論上的不定性（ontologiquement inconsistant）或某種些許的真實；相反地，所有的感性真實（réalité sensible）基本上都擁有一套論述性配置。然而，真實，**首先就是論述性的**（réalité

discursive en premier lieu），並非某種如地震或原子彈攻擊般重
大且不可抗拒的事件，而是某種真實的要素，這個要素將試圖
在論述的策略與多種實踐的部署中逐漸成形。因此，我們應站
在批判或懷疑的格式上對一個發展中的現象多作提問（這是保
羅・維內所說的），並以批判的方式將其問題化，猶如在現代
社會中性別和身分的問題上，我們總是圍繞著所謂的「壓抑假
設」（l'hypothèse répressive），這也曾在米勒那簡略且可能站
不住腳的視野中出現的假設。還有，1983年在加州，傅柯曾在
其人生旅途的終點前向對方問到：「您呢？您是否相信這個愛
滋病的故事呢？」

　　首先，這其實並非道德，而是哲學的問題，是我們研究哲
學的人，尤其是研究傅柯的人所應緊扣住的真實浮現，或置身
在其他關於真實與實在的論述中的問題。概括而論，我們不可
屈從認可那所謂的大規模、單義、不可撼動的「真實」，那些
其他的陳述者──傳媒、政權擁有者、「政治菁英」、各種專
家──所指稱的言論，而正是這個倒退構成了我們行動與立
場的重要基礎──在這個意義上，我們總還保存著一些「柏
拉圖式」（platoniciens）的作風，區分了什麼是「真的」（le
« réel »），和什麼是伏流的真實。這個狀況會使我們對所有的
「現實主義」（réalismes）進行質疑，無論是科學或諸如藝術
等類型—因為所有現實主義都肯定著某個單義且緊密的真實。
而如果我們是研究傅柯或研究德勒茲的學者的話，我們便應將

所有的真實視為被管理、流動、多樣、疊層，簡言之，「歷史
的」。總體而言，這個對真實的流行宣言的批判對我們是相當
有益的——藉此，我們也得以避免相信治安不好、路德奇蹟會
不斷出現，甚至伊拉克終將成為所得稅會降低的民主國家等鬼
話。但是，我們的分析批判有時也會讓我們陷入窘境。一般而
言，我們在前進時也可能後退，生活中，這個懷疑的立場常時
時刻刻展現，有時也會令人大失所望，直到我們感到宿命為止
——「也許」或「也許不」——這是米勒談論傅柯時所説的。

---

*　l'impossible biographie de Michel Foucault, *Entre chiens et loups, philosophie et ordre
des discours*, L'Harmattan, 2009

致謝

　　感謝交通大學社會與文化研究所、劉紀蕙教授、朱元鴻教授、楊成瀚、蕭旭智、陳惠敏、林郁曄 促成了本書出版。

Michel Foucault: Un philosophe dangereux?

Copyright © Alain Brossat, 2012

Complex Chinese translation copyright © 2012 by Graduate Institute for Social Research and Culture Studies, NCTU, Taiwan

All Rights Reserve

批判理論翻譯叢書7

傅柯——危險哲學家

作 者	Alain Brossat
譯 者	羅惠珍
校 訂 者	朱元鴻　楊成瀚　蕭旭智　陳惠敏
出 版	交通大學社會與文化研究所
責 任 編 輯	林郁曄　余思
封 面 設 計	鄭宇斌

發 行 人	涂玉雲
總 經 理	陳逸瑛
編 輯 總 監	劉麗真
出 版	麥田出版
	城邦文化事業股份有限公司
	104台北市中山區民生東路二段141號5樓
	電話：(02)2500-7696　傳真：(02)2500-1966
	部落格：http:// ryefield.pixnet.net/blog
發 行	英屬蓋曼群島商家庭傳媒股份有限公司城邦分公司
	104台北市民生東路二段141號11樓
	書虫客服服務專線：02-2500-7718・02-2500-7719
	24小時傳真服務：02-2500-1990・02-2500-1991
	服務時間：週一至週五09:30-12:00・13:30-17:00
	郵撥帳號：19863813　戶名：書虫股份有限公司
	讀者服務信箱E-mail：service@readingclub.com.tw
	歡迎光臨城邦讀書花園　網址：www.cite.com.tw
香港發行所	城邦（香港）出版集團有限公司
	香港灣仔駱克道193號東超商業中心1樓
	電話：(852) 25086231　傳真：(852) 25789337
	E-mail：hkcite@biznetvigator.com
馬新發行所	城邦（馬新）出版集團【Cite (M) Sdn Bhd】
	41, Jalan Radin Anum, Bandar Baru Sri Petaling,
	57000 Kuala Lumpur, Malaysia.
	電話：(603) 90578822　傳真：(603) 90576622
	E-mail：cite@cite.com.my
印 刷	前進彩藝有限公司
初 版 一 刷	2012年11月
二 版 一 刷	2013年1月

售價：NT$300元

ISBN 978-986-121-813-7

著作權所有・翻印必究（Printed in Taiwan）

本書如有缺頁、破損、裝訂錯誤，請寄回更換

國家圖書館出版品預行編目資料

傅柯：一個危險的哲學家 / Alain Brossat 作；羅惠珍譯. --
二版. -- 臺北市：麥田，城邦文化出版：家庭傳媒城邦分
公司發行, 2012.11
面；　公分. -- (批判理論翻譯叢書；7)

ISBN 978-986-121-813-7(平裝)

1. 傅柯 (Foucault, Michel)　2. 學術思想　3. 哲學

146.79